# Rorty & a Educação

Rory & a Educação

COLEÇÃO
PENSADORES & EDUCAÇÃO

Maria Virgínia Machado Dazzani

# Rorty & a Educação

**autêntica**

Copyright © 2010 Maria Virgínia Machado Dazzani

COORDENAÇÃO DA COLEÇÃO PENSADORES & EDUCAÇÃO
*Alfredo Veiga-Neto*

CONSELHO EDITORIAL
*Alfredo Veiga-Neto* (UFRGS), *Carlos Ernesto Noguera* (Univ. Pedagógica Nacional de Colombia), *Edla Eggert* (UNISINOS), *Jorge Ramos do Ó* (Universidade de Lisboa), *Júlio Groppa Aquino* (USP), *Luís Henrique Sommer* (UNISINOS), *Margareth Rago* (UNICAMP), *Rosa Bueno Fischer* (UFRGS), *Sílvio D. Gallo* (UNICAMP)

EDITORAÇÃO ELETRÔNICA
*Idea Info Design*

REVISÃO
*Lira Córdova*

EDITORA RESPONSÁVEL
*Rejane Dias*

Revisado conforme o Novo Acordo Ortográfico.

Todos os direitos reservados pela Autêntica Editora. Nenhuma parte desta publicação poderá ser reproduzida, seja por meios mecânicos, eletrônicos, seja via cópia xerográfica, sem a autorização prévia da Editora.

**AUTÊNTICA EDITORA LTDA.**
Rua Aimorés, 981, 8º andar. Funcionários
30140-071. Belo Horizonte. MG
Tel: (55 31) 3222 68 19
TELEVENDAS: 0800 283 13 22
www.autenticaeditora.com.br

**Dados Internacionais de Catalogação na Publicação (CIP)**
**(Câmara Brasileira do Livro, SP, Brasil)**

Dazzani, Maria Virgínia Machado
   Rorty & a Educação / Maria Virgínia Machado Dazzani. – Belo Horizonte : Autêntica
Editora, 2010. – (Pensadores & Educação)

   Bibliografia.
   ISBN 978-85-7526-453-9

   1. Democracia 2. Educação - Filosofia 3. Filosofia norte-americana 4. Pragmatismo
5. Rorty, Richard, 1931-2007 6. Solidariedade I. Título. II. Série.

10-02028                                                                                            CDD-370.1

Índices para catálogo sistemático:
1. Rorty : Filosofia : Educação 370.1

O trabalho intelectual não pode prescindir da influência, da interlocução, do diálogo. Este livro, por exemplo, não poderia ter nascido se não fosse a influência que amigos, professores e colegas exerceram sobre o meu trabalho, bem como do ambiente intelectual que pude vivenciar na Universidade Federal da Bahia (UFBA) e na Purdue University (em Indiana, nos Estados Unidos). Por isso, não posso deixar de agradecer aos Professores Doutores Miguel Angel Bordas, José Crisóstomo de Souza e Dante Augusto Gallefi da UFBA. A leitura dos trabalhos do Professor Doutor Paulo Ghiraldelli Jr. e a oportunidade de discutir com ele boa parte das ideias apresentadas aqui foram decisivas para que este livro tomasse corpo.

A generosidade moral e intelectual de Araceli e Floyd Merrell, a amizade de Margareth e Primo Maldonado e a presença inestimável de Marcela Antelo imprimiram uma marca definitiva sobre mim – e nenhuma palavra poderá expressar minha gratidão. Além disso, a dedicação e amor de Waldomiro Silva Filho foram fundamentais para a realização do que era antes apenas um projeto.

A pesquisa para a elaboração do texto final foi financiada pela CAPES (Coordenação de Aperfeiçoamento de Pessoal de Nível Superior, do Ministério da Educação).

# Sumário

Apresentação ..................................................................... 09

Introdução ........................................................................ 11

Capítulo I – Subjetividade, linguagem e contingência ..... 15

Capítulo II – O ponto de vista humano: ciência,
hermenêutica e solidariedade ............................................ 31

Capítulo III – Reconstruir-se, redescrever-se: Rorty
leitor de Dewey ................................................................. 47

Capítulo IV – Educação entre socialização e
individualização ................................................................ 63

Conclusão ......................................................................... 87

Cronologia rortiana .......................................................... 91

*Sites* de interesse na internet ............................................ 95

Centros e sociedades de estudos pragmatistas ................. 99

Referências ....................................................................... 101

A autora ............................................................................ 109

# APRESENTAÇÃO

Como a reflexão filosófica pode contribuir para a compreensão dos temas, problemas e desafios da educação na nossa época? Não há uma única resposta para essa pergunta, pois a contemporaneidade é marcada por uma rica diversidade de posições teóricas e ideológicas. Este livro, ao lado das outras obras desta Coleção, apresenta uma das muitas possibilidades.

Aqui nos dedicaremos a entender como as ideias Richard Rorty, um dos mais importantes filósofos do século XX, pode nos ajudar a entender a educação e inspirar novos projetos políticos para a escola em sociedades democráticas.

Richard Rorty nasceu em 1931 na cidade de Nova Iorque e faleceu em Palo Alto, Califórnia, em 2007. Logo depois da sua morte, o editorial do *New York Times* dizia que Rorty fora um filósofo que realizou uma obra inventiva em filosofia, política e teoria literária que o tornou "um dos mais influentes pensadores do mundo contemporâneo". Sua obra foi influenciada pela ideias socialistas e democráticas dos seus pais, que foram militantes políticos e escritores, mas também por filósofos e escritores de diferentes tendências, como Hegel e Heidegger, James e Wittgenstein, Quine e Gadamer, Davidson e Nabokov, Trotsky e Derrida, Nietzsche e Dewey.

Como escreveu o professor Paulo Margutti Pinto (2007, p. 530), Rorty é dono de um belo texto, "escreve com clareza, elegância e simplicidade, transmitindo ao leitor uma sensação de clareza racional, associada a uma esperança otimista para com o destino da humanidade". Ele conseguiu aliar um rigoroso trabalho de crítica intelectual à defesa de práticas humanas que favorecem a solidariedade, o diálogo, a liberdade.

Na sua obra não há, propriamente, uma teoria da educação, na acepção corriqueira dessa locução (como um conjunto de prescrições conceituais, metodológicas e didáticas sobre o modo de existir da escola). No entanto, sua crítica à tradição intelectual moderna, sua crítica à subjetividade, sua mudança de uma perspectiva epistemológica para uma perspectiva ético-política, sua leitura da obra de John Dewey e dos pragmatistas históricos tocam diretamente em temas centrais da reflexão sobre educação.[1]

Este livro faz o seguinte movimento: procuramos compreender inicialmente os traços mais marcantes da obra rortiana, o que nos obrigou a fazer uma digressão por temas filosóficos, epistemológicos e hermenêuticos; com destaque para os temas da linguagem, do conhecimento, da interpretação e contingência. Somente depois é que nos enveredaremos nos textos em que Rorty discute explicitamente a obra de John Dewey e desenvolve problemas pertinentes à educação. Por fim, dedicamo-nos a um conjunto bem definido de textos em que Rorty analisa os temas da *educação* e da *escola* e, de alguma maneira, posiciona-se diante de dilemas históricos dos teóricos educacionais.

O que dá unidade temática entre a filosofia de Rorty e seus ideais educacionais é a questão da democracia e da solidariedade. Pois *democracia* e *solidariedade*, como são aqui discutidas, configuram, de um lado, uma ideia de filosofia não como intérprete desinteressada do mundo, mas como um modo de enfrentar o sofrimento e a crueldade humanos; por outro lado, democracia e solidariedade servem para compreendermos a educação não apenas como aculturação (ou transmissão do legado da tradição), mas como abertura para novas e inventivas descrições e interpretações do mundo.

---

[1] No Brasil, Paulo Ghiraldelli Jr. dedicou alguns trabalhos a esse assunto; por exemplo: GHIRALDELLI JR., 1999 e 2000.

# Introdução

Com a publicação do livro *A filosofia e espelho da natureza* em 1979,[2] Richard Rorty passou a ser conhecido mundialmente como um dos mais instigantes e criativos filósofos contemporâneos. Nesse livro ele fez uma dura crítica às teorias filosóficas que concebem o conhecimento e a verdade como *correspondência* entre nossa mente (que repousa no interior das nossas cabeças) com a realidade que está do *lado de fora*. Essas filosofias tinham como principal característica sustentar dualismos metafísicos do tipo objetivismo-subjetivismo, mente-corpo, universalismo-relativismo, racionalismo-irracionalismo, ciência-arte.

Para fazer essa crítica, Rorty introduziu um novo olhar sobre a tradição do pragmatismo, principalmente no que concerne à obra de Ralph W. Emerson, William James, Ludwig Wittgenstein, John Dewey, Willard Quine, Wilfrid Sellars e Donald Davidson, mas também Friedrich Nietzsche, Martin Heidegger, Michel Foucault e Jacques Derrida.[3]

---

[2] A edição original é *Philosophy and the mirror of nature* de 1980. Há uma boa tradução em português, *A filosofia e o espelho da natureza*, com tradução de Jorge Pires, publicada em Lisboa, pela Dom Quixote em 1988. Para facilitar a consulta de leitores brasileiros, doravante nos referiremos a essa obra como RORTY, 1988. Aqui, sempre que possível, faremos remissões às edições de Rorty em língua portuguesa, mesmo que algumas das traduções sejam de qualidade duvidosa.

[3] Outros livros dessa Coleção tratam de alguns desses personagens, por exemplo, *Derrida & a Educação,* de Carlos Skilar; *Habermas & a Educação*, de Ralph Igns Bannell; *Nietzsche & a Educação*, de Jorge Larrosa; *Kuhn & a Educação* e *Foucault & a Educação*, ambos de Alfredo Veiga-Neto.

Até então, o pragmatismo fora caricaturado como uma ideologia que prega a simples utilidade e eficácia, e esteve relacionado ao sentido da prática e da ação imediata, à avareza, ao materialismo, ao individualismo ou hedonismo, mas também ligado a uma certa tendência ao relativismo e irracionalismo, como negação absoluta de um significado da realidade (que afirmaria que as coisas são todas igualmente incertas e indiscerníveis).[4]

O pragmatismo ou neopragmatismo de Rorty tem características muito particulares: ele se inscreve num movimento de ideias marcado, grosso modo, por três elementos. Em primeiro lugar, há uma linhagem que vai de Nietzsche a Heidegger e de Merleau-Ponty a Foucault e que *não concorda com a ideia de uma representação pictórica (como um reflexo num espelho) da realidade na linguagem.* Ou seja, no pensamento contemporâneo, há uma séria desconfiança em relação à existência de uma correspondência entre as nossas frases e crenças e os estados do mundo.

Em segundo lugar, *não se pode concordar com a ideia de uma "essência" das coisas (do sujeito, do mundo, da natureza, etc.).* As noções de substância primeira e de essência se sustentam sobre a ideia de que o mundo como realidade em si é idêntico às nossas ideias sobre ele, ponto a ponto. Tais noções alimentam duplos ontológicos dicotômicos como ser-aparência, sujeito-objeto, fato-valor, entre outros. De Nietzsche a Heidegger, ser antiessencialista é sair da ontologia e considerar que todas essas dicotomias

---

[4] No Brasil, a imagem dos filósofos americanos, entre eles um autor caro a Rorty como John Dewey, nunca gozaram de muito prestígio. Eles estiveram associados, principalmente nos últimos 40 anos, à ideia de propagandistas e ideólogos do *Imperialismo Americano.* Este livro não se propõe a corrigir ou rever eventuais equívocos envolvidos nessa imagem caricata – isso exigiria um trabalho de maior fôlego de interpretação de aspectos da história das ideias nos Estados Unidos e no Brasil. Um esclarecimento sobre esse problema encontra-se no trabalho de José Crisóstomo de Souza, onde ele examina o confronto filosófico-político entre Habermas/Rorty (cf. SOUZA, 2005, p. 13-49). Para compreendermos as ideias políticas de Rorty e a sua posição liberal radical temos o livro *Contra os patrões e contra as oligarquias: uma conversa com Richard Rorty* (cf. RORTY; NYSTROM; PUCKETT, 2002).

tradicionais se dissolvem e a distinção entre essência e aparência desaparecem.

Por fim, *não se pode concordar com a ideia de uma compreensão do ser descontextualizada e atemporal*. Desde Hegel e Marx há um privilégio filosófico da história, mas é, sobretudo, com Dewey, Gadamer, Heidegger e Derrida que se ataca diretamente qualquer perspectiva absoluta e total do sujeito. O que conhecemos e o que cremos está circunscrito ao nosso tempo e ao nosso contexto. Fora das nossas práticas humanas, da nossa imersão no fluxo do mundo, dos nossos jogos de linguagem, as coisas simplesmente não fazem sentido algum.

E aqui está a especificidade do pensamento de Rorty. Distante de autores como Jurgen Habermas e Karl-Otto Apel, que buscam no pragmatismo um novo alicerce para a razão autorreflexionante,[5] ele nos dirá que o conhecimento e a ciência servem aos nossos interesses práticos não porque são verdadeiros, mas por que poderem ser valiosos (diríamos úteis) às causas humanas. Do ponto de vista cultivado desde James, devemos dizer que algo é verdadeiro porque, de algum modo, serve aos nossos propósitos, e opera no contexto das nossas expectativas e interesses (cf. JAMES, 1995). Não há, em Rorty, a possibilidade de "um ponto de vista do olho de Deus", superior e exterior ao existir humano, de onde pudéssemos recolher regras indiscutíveis e definitivas sobre a justiça, a verdade ou a beleza. É um engano procurar um ponto de vista privilegiado para tratar das questões importantes para os seres humanos. A nossa imagem da justiça, verdade e beleza são realizações precárias e provisórias de atores históricos, concretos, em contextos sociais determinados. Nem mesmo faz sentido falar de uma natureza humana. Somos somente uma rede provisória de crenças, pensamentos e desejos sem centro ou essência etérea.

**

---

[5] Rorty manteve, até seus últimos dias, um rico diálogo com Habermas (cf. SOUZA, 2005).

Este livro não pretende ser uma introdução à filosofia de Rorty, mas uma interpretação,[6] uma leitura de Rorty a partir de um certo ângulo.

O livro está organizado em quatro capítulos. Os dois primeiros, "Subjetividade, linguagem e contingência" e "O ponto de vista humano: ciência, hermenêutica e sociedade", procuram apresentar o cenário de temas e problemas rortianos e têm como ponto-chave a relevância da crítica da linguagem. Esses capítulos poderão parecer um tanto quanto distantes do temário estritamente "educacional". No entanto, sem essa digressão e discussão preliminar e sem a demonstração de que, em Rorty, há o privilégio da contingência, da redescrição e da democracia em relação à filosofia como fundamentadora da razão e do conhecimento, simplesmente é impossível se compreender o sentido da concepção de educação em sua obra.

O terceiro capítulo, "Reconstruir-se, redescrever-se: Rorty leitor de Dewey" trata dos elementos deweianos, notadamente, as ideias de socialização, experiência e democracia, que marcam profundamente as ideias de Rorty e, de algum modo, impõem-lhe uma reflexão sobre a educação.[7] O quarto capítulo, "Educação entre socialização e individualização" analisa textos de Rorty dedicados especialmente à educação, sem evitar contextualizá-los na sua obra recente.

Ao final, esperamos que você, leitor, encontre o sentido de um mundo "sem essências e substâncias etéreas", um conhecimento sem fundamentos absolutos, "uma ética sem obrigações universais" e, assim, possa imaginar o ato de educar a partir de um sujeito contingente e, principalmente, movido pela esperança no futuro e na solidariedade humana.

---

[6] Em português dispomos de boas introduções ao pensamento filosófico de Rorty: MURPHY, 1993; COMETTI, 1995; GHIRALDELLI JR., 1999; CALDER, 2003.

[7] Enquanto escrevia este livro, não foi possível desprezar a presença surpreendente da figura de Anísio S. Teixeira, que, ao traduzir, introduzir e interpretar a obra de Dewey, foi um dos pioneiros no desvelamento da sutileza e riqueza do pragmatismo (que entre nós, lamentavelmente, vem sendo confundido com um utilitarismo rasteiro inspirado nos ideais imperialistas americanos). Isso serve para reforçar que a nossa aproximação entre "educação e pragmatismo" não é espúrio, mas, ao contrário, é algo que ainda deve ser aprofundado. Tratarei desse ponto no Capítulo 3.

| CAPÍTULO I

# SUBJETIVIDADE, LINGUAGEM E CONTINGÊNCIA

Richard Rorty, assim como Michel Foucault, pensa a modernidade filosófica como edificação de uma metafísica do sujeito. A concepção de um "eu pensante", "sujeito do conhecimento", "sujeito autoconsciente", de fato, foi fundamental "para que se firmasse a ideia de que o sujeito é uma entidade já dada, uma propriedade da condição humana e, por isso, *desde sempre* aí, presente no mundo" (VEIGA-NETO, 2007, p. 108). Para compreender a obra rortiana, devemos começar com a sua crítica a essa imagem do sujeito moderno e com sua defesa de um abandono da filosofia como discurso privilegiado.

## Conhecer e representar

O pensamento filosófico da modernidade (séculos XVII-XIX), esse rico e inesgotável movimento de ideias que vai de Descartes até Kant, legou-nos, entre outras coisas, de um lado, uma imagem do ser humano como portador de uma *natureza especial* dotada da capacidade de conhecer o mundo e de agir moralmente de acordo com valores universais e, do outro lado, também nos legou uma imagem da filosofia como uma disciplina que ocupa uma posição fundamental na cultura, responsável em encontrar o vocabulário e as teorias que melhor permitam justificar e garantir nosso conhecimento e conduzir nossas ações.

Para a modernidade, "conhecer é representar cuidadosamente o que é exterior à mente; portanto compreender a possibilidade e natureza do conhecimento é compreender o modo pelo qual a mente se torna apta a construir tais representações" (Rorty, 1988, p. 15). No livro *A filosofia e o espelho da natureza*, Rorty afirma que a principal preocupação da filosofia fora ser uma teoria geral da representação que deveria estabelecer aquelas áreas da cultura que *representam corretamente* a realidade, aquelas que *representam menos corretamente* a realidade e aquelas que simplesmente *não representam* a realidade. Como *tribunal da razão*, a filosofia se constituíra como um *discurso privilegiado*.

De acordo com Rorty, os filósofos representacionistas pensam na epistemologia como um modo de aperfeiçoar a atividade de uma faculdade quase visual – *o espelho da natureza* – donde surge a ideia de que a maneira de possuir representações exatas é o encontro, dentro do espelho, de uma classe, especialmente privilegiada de representações, tão coagente que a sua exatidão não pode ser posta em dúvida. Esses fundamentos racionais seriam os do conhecimento, e a disciplina que nos dirige para ele – a teoria do conhecimento – constituirá o fundamento da cultura.

A filosofia como epistemologia é a busca de estruturas imutáveis, constantes, que devem conter a verdade, a certeza, o imperativo – estruturas dispostas pelas representações privilegiadas que ela estuda (cf. Rorty, 1988, p. 132). O espírito da época favorecia a ideia de que a ciência poderia encontrar respostas absolutas para as nossas perguntas sobre o mundo. Em virtude da possibilidade do erro e do engano, o sujeito do conhecimento deve ser orientado para um caminho da "verdade" e da "fundamentação racional".

> Nós tendemos a identificar a ação de buscar uma "verdade objetiva" com a ação de "usar a razão" e, então, pensamos nas ciências naturais como paradigmas de racionalidade. Nós também pensamos na racionalidade como uma questão de seguir procedimentos estipulados antecipadamente, de sermos metódicos. Deste modo, nós tendemos a usar os termos "metódico", "racional", "objetivo" e "científico" como sinônimos. (Rorty, 1997a, p. 55)

A novidade dizia respeito à invenção de um *espaço interior* que opera sensações, percepções, verdades matemáticas, regras morais, entidades abstratas, a ideia de Deus e do absoluto.

> A invenção da mente por Descartes [...] proporcionou aos filósofos uma nova base de apoio. Forneceu um campo de investigação que parecia ser 'anterior' aos assuntos sobre os quais os filósofos antigos haviam emitido opiniões. Forneceu, além disso, um campo dentro do qual era possível a certeza, por oposição à mera opinião. (Cf. RORTY, 1988, p. 113, grifos do autor)

Não que a Filosofia acredite acriticamente que a mente espelhe as coisas ponto a ponto, mas porque acredita na capacidade do espírito instanciado na mente cognoscente de estabelecer critérios absolutos de certeza (RORTY, 1988, p. 109 *et seq.*).

O pensamento moderno fora a expressão de uma *filosofia da reflexão* porque tratava de entender a estrutura da relação do sujeito cognoscente que se debruça sobre o mundo de objetos e observa a si mesmo, para compreender a si como *uma imagem refletida num espelho*. O sujeito do conhecimento e o sujeito moral é, na modernidade, antes de tudo, um ser racional porque é autocrítico e não age arbitrária e irresponsavelmente. O sujeito autocrítico se submete a mais imperiosa das obrigações, suas próprias faculdades.

O tema do sujeito ou da subjetividade é uma das marcas centrais do projeto moderno de razão, mas não se esgota no século XVIII. No seu O *discurso filosófico da modernidade*, Habermas afirma que, de Hegel a Marx e de Nietzsche a Foucault, nenhum discurso filosófico conseguiu livrar-se de modo satisfatório desse nó e sempre que se precisava recorrer a algo para fundamentar a ordem epocal é a subjetividade que se acolhe: seja esta uma subjetividade posta na forma de Sujeito Transcendental, seja na forma de um Eu Absoluto, seja também na forma de um Eu Pulsional desejante, marcado pela ausência ou pela falta (cf. HABERMAS, 1990).

É contra essa ideia "forte" de subjetividade autônoma no interior da epistemologia moderna que Rorty apresenta seu neopragmatismo.

## Sujeito e linguagem

Em Rorty, a crítica à epistemologia moderna representacionista e à ideia de uma essência atemporal e abstrata do humano deve se inspirar na guinada filosófica provocada pela obra de autores como Nietzsche, Wittgenstein, Dewey, Heidegger, Quine e Davidson. Esses autores sugerem que as investigações sobre os fundamentos do conhecimento, da moralidade, da sociedade, da justiça e da verdade não passam de *apologias*, tentativas de eternizar um certo "jogo de linguagem" ou uma prática social. Essa tentativa, segundo Rorty, é um esforço autoilusório para eternizar o "discurso normal",[8] ou seja, os discursos que tomam como universal aquilo que originalmente é apenas um acordo provisório sobre o mundo.

A guinada linguística da filosofia contemporânea[9] (*linguistic turn*) significou uma mudança radical no horizonte dos problemas filosóficos legados pela modernidade, provocando um deslocamento do interesse pelos processos que acontecem no interior do espírito humano para aquilo que acontece na experiência intersubjetiva. Por isso a preocupação com o fenômeno linguístico, cuja característica definidora é ser precisamente um fenômeno intermental, não subjetivo.

---

[8] "Inquérito normal" ou "ciência normal" ou "discurso normal" refere-se à teoria de Thomas Kuhn, segundo a qual uma comunidade científica se vê constrita a executar o trabalho de pesquisa e de formação das novas gerações de pesquisadores nos limites de conceitos, instrumentos e práticas previamente aceitos como corretos (KUHN, 1987). Rorty não apenas utiliza a terminologia kuhniana, mas afirma, em vários lugares, ser um seguidor da interpretação historicista da ciência (RORTY, 1997a; cf. também RORTY, 1998h). Sobre o pensamento de Kuhn, recomendamos a leitura do livro *Kuhn & a Educação*, de Alfredo Veiga-Neto, desta Coleção.

[9] Sobre a "guinada linguística" (*linguistic turn*) na filosofia, recomendamos a leitura introdutória de HACKING (1999), MARCONDES (2004) e PENCO (2006). Rorty trata desse tópico diretamente em RORTY (1990).

De acordo com Rorty, para Quine e Wittgenstein, quando pensamos, falamos e acreditamos, sempre estamos fazendo referência *a coisas públicas*. Em Wittgenstein, mesmo o ato simples de descrever uma cor (dizendo "amarelo", "verde" ou "azul") ou uma dor (dizendo que se sofre de dor de dente, por exemplo) aponta o uso de uma regra gramatical e intersubjetivamente constituída, o que implica um mundo segmentado e organizado publicamente. A linguagem opera como um esquema de conceitos, um jogo de linguagem, que nos oferece a matéria do nosso pensamento.

Em Willard Quine, principalmente em *Palavra e objeto,* de 1960 (cf. QUINE, 1999.), temos uma afirmação decisiva: a linguagem é uma arte social, e o significado linguístico são disposições humanas a responder abertamente a estímulos em situações sociais observáveis. Quine critica frontalmente a ideia de que a linguagem é um *espelho do mundo* e de que os signos linguísticos são etiquetas mentais de objetos. Não se trata de negar a importância das sensações ou da experiência na significação linguística. O que interessa é o *uso linguístico, socialmente aprendido* e, consequentemente, a maneira como as palavras e as entidades linguísticas são instituídas numa experiência social.

Quine acredita que esse caráter social da linguagem serve para dissolver a semântica não crítica e seu "mito de um museu" onde *as coisas expostas são significados e as palavras são etiquetas das coisas.* Quine renuncia à busca de garantias universais para determinar o que as palavras e frases significam e, ao fazer isso, recorre a uma "explicação naturalista" dos comportamentos dos usuários de uma língua. Se é verdade que significados são, em primeiro lugar e antes de tudo, significados da linguagem, e se a linguagem é uma arte social que todos adquirem, a única garantia que temos para estabelecer o sentido das nossas palavras é a evidência do comportamento de outras pessoas em circunstâncias publicamente reconhecíveis, donde o significado não é algo que tenha uma existência especial (no mundo externo ou no espírito), mas é uma propriedade do comportamento humano (cf. QUINE, 1980, p. 133-56).

Temos uma linguagem somente porque vivemos numa comunidade com outras pessoas e aprendemos a falar sua língua. Mais ainda, pensamos (somos capazes de ter crenças, expressar desejos) porque somos sujeitos que conversam com outras pessoas e compartilham um mesmo universo de signos linguísticos.

Rorty destaca que Quine fala de algo como uma "inescrutabilidade da referência" (cf. PENCO, 206, p. 190-207), ou seja, da impossibilidade de um acesso absolutamente preciso sobre a extensão e sentido do signo usado por outrem (RORTY, 1988, p. 203 *et seq.*). Na verdade só se pode falar de "referência" a um objeto em relação a uma linguagem amplamente compartilhada em que as palavras e os objetos ocupam um lugar e os usuários conhecem como construir frases com sentido e valor de verdade. Para Quine, "indagar pela referência [de uma palavra] de algum modo mais absoluto seria como perguntar pela *posição absoluta*, ou pela velocidade absoluta, antes que pela posição ou velocidade relativa a um quadro de referência dado (QUINE, 1980, p. 145, grifo nosso)."

Outra importante influência sobre o pensamento de Rorty é o também filósofo americano Donald Davidson,[10] sobretudo em relação ao conceito de verdade. Se um pragmatista afirma que a verdade não está dada, que ela não é alguma coisa que possamos encontrar aí no mundo, significa simplesmente dizer que só há verdade onde existem frases e que as frases são componentes das línguas criadas pelos seres humanos. A verdade, como as frases, não pode existir independente da experiência humana. Isso não significa uma defesa de um novo idealismo no qual o pensamento é alheio e separado do mundo. Em Rorty e Davidson há o reconhecimento da posição situada e precária na qual nos encontramos: o mundo existe independente

---

[10] De Davidson temos no Brasil o livro *Ensaios sobre a verdade* (cf. DAVIDSON, 2002). Sobre suas ideias também temos em português uma valiosa coletânea que reúne ensaios críticos de destacados filósofos de várias nacionalidades (cf. SILVA FILHO; SMITH, 2005).

de nós, mas as nossas descrições do mundo, é claro, não são independentes de nós. O mundo não é verdadeiro ou falso, somente as "descrições do mundo" podem ser verdadeiras ou falsas (cf. RORTY, 2007a, p. 28).

> O mundo não fala. Só nós falamos. O mundo, depois de nos programarmos com uma linguagem, pode fazer-nos sustentar convicções, mas não pode propor uma linguagem para falarmos. Somente outros seres humanos são capazes de fazê-lo. Todavia, o reconhecimento de que o mundo não nos diz que jogos linguísticos fazer não deve levar-nos a dizer que a decisão sobre qual deles jogar é arbitrária, nem a dizer que ela é a expressão de algo profundo em nós. (RORTY, 2007a, p. 30)

Davidson expressaria um abandono da ideia de uma *natureza intrínseca* das coisas. Com Davidson, Heidegger e Dewey, devemos pensar o mundo e nós mesmos na *contingência da linguagem*: e o reconhecimento da *contingência da linguagem* (e do que nos é possível pensar e falar) leva ao reconhecimento da contingência da consciência, da subjetividade, da verdade.

Davidson teria, então, condenado definitivamente a ideia de que a linguagem seria um terceiro elemento entre a mente interior e o mundo que está aí, entre o eu e a realidade, relegando ao ostracismo a imagem de que a mente humana ou a linguagem se ajustam melhor ou pior aos propósitos para os quais Deus ou a natureza as destinaram. A linguagem é uma *prática que só tem sentido no processo de comunicação entre sujeitos humanos*. Vamos falando sobre o mundo como podemos, sem sustentação metafísica, corrigindo-nos, quando é possível, pela fala de outra pessoa.

Desse modo, a história das ideias, das ciências, dos sistemas jurídicos e da arte descreve *não* um progresso do espírito em busca de uma verdade definitiva ou uma compreensão crescente de como as coisas realmente são, mas traça um percurso de "metáforas" sobre o que é a natureza, o bem, nós mesmos, o real, metáforas que expressam nossa contingência.

> Abandonar a ideia da linguagem como representação e ser rigorosamente wittgensteiniano em nossa abordagem da linguagem equivaleria a desdivinizar o mundo. Somente se o fizermos poderemos aceitar em sua plenitude a tese [...] de que, já que a verdade é uma propriedade das frases, já que a existência das frases depende de vocabulários e já que os vocabulários são feitos por seres humanos, o mesmo dá com as verdades. Enquanto acharmos que 'o mundo' designa algo que devemos respeitar e enfrentar, algo semelhante a uma pessoa, no sentido de ter uma descrição filosófica da verdade salve a "intuição" de que a verdade está "aí". (Cf. RORTY, 2007a, p. 53-4)

A história da filosofia e da ciência narra a criação gradativa, por ensaio e erro, de novos vocabulários; não são descobertas de uma realidade por trás das aparências, de uma visão não distorcida do panorama completo do mundo. Por isso, a história das linguagens (e das artes, das ciências e do senso moral) é essa narrativa das metáforas (cf. RORTY, 2007a, p. 45). Isso está muito próximo de Nietzsche e da refutação da distinção entre realidade e aparência. Nietzsche fora quem melhor expressou que o conceito de "conhecimento em si", "conhecimento puro", é tão absurdo e imprevisível quanto o de "coisa em si"; fez isso para acentuar que a ideia de categorias da razão pura não é mais do que um recurso retórico de uma determinada razão ou classe: o "mundo verdadeiro", para Nietzsche, tornou-se, "uma fábula" (cf. RORTY, 1993, p. 15-22).

## Subjetividade, linguagem e democracia

Num dos textos que melhor expressa a força e originalidade do seu pensamento, intitulado "A prioridade da democracia para a filosofia", de 1984 (cf. RORTY, 1997a, p. 234-261), Rorty sustenta que a preocupação com a liberdade é mais importante do que a preocupação com a verdade. Pois a verdade concebida do ponto de vista platônico "simplesmente não é relevante para a política democrática", e a filosofia concebida como a tentativa de estabelecer os pontos de contato da verdade com a natureza humana, também não é relevante para a vida humana (RORTY, 1997a, p. 249). Num debate com o filósofo francês Pascal Engel, Rorty escreveu: "A questão que nos importa, a nós, pragmatistas, não é saber se um debate faz ou não sentido, se ele remete a problemas reais ou não reais, mas determinar se a resolução desse debate terá um efeito na prática, se ele será útil" (RORTY; ENGEL, 2008, p. 54).

Para ele, as ideias de razão, cientificidade e verdade inspiradas numa concepção de que há um conhecimento que representa integralmente os fatos e a realidade (como nas Ciências da Natureza) e um conhecimento que apenas se aproxima dos interesses e valores humanos (como nas Ciências do Espírito ou Ciências Sociais) são marcadas não por um equívoco ou um erro, mas por uma mistificação da *realidade*, do *fato* e da *verdade*, como se pudessem ser atingidas por um ponto de vista do olho de Deus. Mas, para Rorty, não há ponto de vista do olho de Deus.

Rorty procura mostrar que é precisamente o modo como os sujeitos humanos elaboram suas descrições, interpretações e ideais que define o que é o "real" e o "verdadeiro". Ele não rejeita a ciência ou propõe abandonar a racionalidade; simplesmente seu interesse está em rever o lugar cultural que reservamos para essas instituições. A ciência e o conhecimento podem, sim, ter um lugar importante, desde que sejam exemplos e inspirações para a solidariedade humana. Por isso, não é de se estranhar que Rorty aspire substituir o desejo por *objetividade* pelo desejo por *solidariedade* (cf. RORTY, 1997a, p. 60-61).

Rorty, assim como James, prefere pensar o sentido dos conceitos de verdade e conhecimento a partir da noção de crença:

Para o pragmático [...] "conhecimento" é, como "verdade", simplesmente um elogio feito às crenças que pensamos estar bem justificadas; as crenças que, por enquanto, tornam uma justificação adicional desnecessária. Uma investigação sobre a natureza do conhecimento só pode ser [...] uma avaliação histórico-social de como pessoas variadas tentaram alcançar concordância sobre aquilo em que acreditam. (RORTY, 1997a, p. 41)

Não se trata de um fundamento primeiro do conhecimento, mas de uma escolha – a escolha política de uma sociedade democrática liberal comprometida com a ampliação da solidariedade e diminuição do sofrimento humano. Grosso modo, o pragmatismo rortiano apresenta-se como um efeito das marcas da recepção do legado de Dewey, Emerson e James, todos pensadores liberais americanos – configurando-se como uma exaltação do espírito democrático liberal, ao ponto mesmo de postular a prioridade da democracia sobre a reflexão e investigação filosófica. Dessa forma, ele anuncia sua perspectiva sobre a subjetividade no seu projeto ético e político.

Nesse seu projeto, além de política, encontram-se antropologia e filosofia da linguagem. Rorty utiliza ainda a noção de *etnocentrismo* como um elo entre antirrepresentacionismo e liberalismo político, acreditando que a cultura liberal dos últimos tempos encontrou uma estratégia para evitar a desvantagem do etnocentrismo que foi, justamente, a abertura para o encontro com outras culturas atuais e possíveis, e a ação de tornar a abertura o ponto central para a sua autoimagem. Segundo Rorty, essa cultura "é o *ethos* que se orgulha de si mesmo por sua suspeição frente ao etnocentrismo – antes por sua habilidade em incrementar a liberdade e a abertura dos encontros do que por sua possessão da verdade (compreendendo essa verdade como universal ou intercultural)" (RORTY, 1997a, p. 14). A esse aspecto nos dedicaremos no próximo capítulo.

Devemos lembrar que já na introdução d'*A filosofia e o espelho da natureza*, a teoria da linguagem (profundamente influenciada por Wittgenstein e Davidson) entra em cena para substituir a teoria da mente como algo que supostamente se encontra sob e em contraposição à realidade. Assim, a discussão deslocou-se da pergunta sobre se a realidade material é dependente da mente para a questão sobre o que podemos falar (com verdade) sobre o mundo e o que podemos fazer com nossas vidas.

## Contingência, redescrições e ironismo

O pragmático, segundo Rorty, acredita que seus pontos de vista são melhores do que os dos realistas, mas não acredita que eles, os pragmatistas, possam responder à pergunta sobre a natureza das coisas. A única vantagem que podemos atribuir à perspectiva neopragmatista é que ela está preocupada com o futuro e com a liberdade. Isso muitas vezes serviu para acusar Rorty de *relativista*:

> [...] o pragmático não tem uma teoria da verdade, muito menos uma teoria relativista. Enquanto partidário da solidariedade, sua avaliação do valor da investigação humana cooperativa possui apenas uma base ética, não uma base epistemológica ou metafísica. Não tendo *qualquer* epistemologia a *fortiori* ele não possui nenhuma epistemologia relativista. (RORTY, 1997a, p. 40-41, grifo do autor)

Não dispor de teorias dessa natureza significa lançar o sujeito no vago da contingência e da escolha moral. Por essa razão, a base ética rortiana constitui um projeto de ideal de autoenriquecimento, atrelado certamente ao ideal de uma sociedade democrática liberal, que pode ser formulado pela ideia de *redescrição*. Esse ideal não visa descobrir o que *realmente* está lá, a essência mesma da ideia de "eu", do "si mesmo" ou de uma estrutura invisível que pode ser pensada ou pode ser dita. A redescrição é o ato que acontece quando o sujeito usa um novo vocabulário para descrever sua experiência de um novo ângulo.

E nesse ponto Rorty se beneficia uma vez mais das ideias de Davidson, segundo as quais o sujeito é a parte da rede de crenças e desejos que deve ser postulada como causa do comportamento linguístico de um organismo singular. Essa asserção implica a reafirmação de que o sujeito é uma rede de crenças e desejos, com possibilidades de *redescrição*, sem perda de identidade. Isso quer dizer que não existe sujeito verdadeiro nem centro do sujeito, nem a perspectiva de um lugar metapsicológico ou empírico onde possamos encontrar uma rede de crenças e desejos mais verdadeira que outra. Mas, ao contrário, o sujeito pode ser descrito de tantas formas quantas sejam compatíveis com o sistema de verdades que dá sentido a esse termo. Sua descrição é puramente contingente, determinada pelo momento, pelo contexto e pelo propósito visado.

Pensemos no sujeito como uma *realidade linguística* com efeitos na prática. Portanto, não podemos (como fazem alguns pós-modernos) decretar sua morte, dizer simplesmente que não existe, já que estamos a utilizar a palavra "sujeito" com todas as consequências performativas que isso implica. A possibilidade, então, é de redescrever ou reinventar o que é sujeito, em função de experimentos morais, intelectuais, que nos parecem eticamente preferíveis.

Em teoria, podemos reduzir o sujeito até mesmo a estímulos neurofisiológicos. Entretanto, reduzi-lo a isso, significaria reduzi-lo à condição de simples organismo singular. E, para Rorty, tal fato seria como uma mutilação moral da nossa imagem. Pois, só quando se pensa que o que nos leva a falar e agir são crenças e desejos, nossos ou de outros sujeitos, é que se pode fazer das causas os motivos ou razões. Assim, se pode justificar intencionalmente a finalidade das ações. Sem essa cláusula, o comportamento humano não poderia ser avaliado moralmente e o sujeito humano estaria perdido (cf. Rorty, 1995, 1998b, 1998d).

Deste modo, o sujeito visto como causa interior das descrições e exame de suas condutas linguísticas é o *sujeito moral,* a quem imputamos a capacidade de optar diante de alternativas diferentes e conflitantes, de distinguir o bem e o mal ou de preferir agir conforme suas convicções. Esse sujeito, visto como um epifenômeno imaginário, ilusório, contingente, empírico em relação ao sujeito verdadeiro é o pressuposto da concepção de sujeito no pragmatismo e sua condição teórica para a criação das chamadas significações individuais sem que estas sejam deterministas ou reduzam-no ao estatuto de objeto causado por leis gerais, da estrutura, do destino, da tradição, ou qualquer outra coisa.

De qualquer modo, Rorty acredita no avanço intelectual produzido pelas disputas filosóficas, por exemplo, entre platônicos e nietzschianos, bem como pelas disputas teóricas ocorridas ao longo da história da civilização, ainda que exista uma crescente resistência a deixar a pergunta sobre a natureza humana e trocá-la pela pergunta sobre o que podemos fazer de nós mesmos. Entretanto, o projeto rortiano não está de modo algum inclinado a buscar um guia para a vida na ontologia ou na história. Essa última, diz ele, serviu apenas de lição para nos atentarmos para nossa extraordinária maleabilidade, a de sermos, ao mesmo tempo, protetores e cruéis, racionais e perversos, de nos darmos conta, além disso, da diversidade de versões de mundo que podemos produzir (cf. RORTY, 1995, p. 62).

Mais uma vez próximo a Foucault, Rorty também faz uma crítica ao fundacionismo dos Direitos Humanos sustentado na tese filosófica de que os direitos do homem estão implícitos à sua natureza a-histórica. Desse modo, declara-se solidário com a afirmação de Rabossi[11] de que o fundacionismo é anacrônico e, especialmente, com a afirmação de que os seres humanos não estão separados dos animais por nada senão pelas realizações historicamente contingentes do mundo: as realizações culturais (cf. RORTY, 1995, p. 63).

Rorty, assim como Foucault, definitivamente, não acredita na existência de uma *natureza humana universal*. O sujeito rortiano é, portanto, por definição, sujeito situado

---

[11] Eduardo Rabossi, filósofo e jurista argentino.que reúne ensaios críticos de destacados filósofos de várias nacionalidades (cf. SILVA FILHO; SMITH, 2005).

e precário, marcado profundamente pela contingência da linguagem; o sujeito *não* é o espírito-mente-espelho de Descartes, Kant e Hegel. E para justificar sua noção de sujeito contingente e histórico, marcado pela linguagem, ele escreve:

> Por que o conhecimento chegou a ser muito menos importante para nossa auto-imagem do que o que era há duzentos anos? Por que o intento de fundar a cultura sobre a natureza e a obrigação moral sobre o conhecimento de universais transculturais nos parece muito menos importante agora que na época do Iluminismo? Por que tem tão pouca ressonância – e tão escassa importância – perguntar-se se os seres humanos *têm* realmente os direitos enumerados na Declaração de Helsinki? Por que, em resumo, a filosofia moral se converteu em uma parte tão importante de nossa cultura?
>
> E aqui uma resposta simples: porque no tempo transcorrido entre a época de Kant e a nossa, Darwin convenceu a maioria dos intelectuais de que os seres humanos não contêm nenhum ingrediente especial. Nos convenceu, a maioria, de que somos animais excepcionalmente talentosos, animais o suficientemente inteligentes para fazermos cargo de nossa futura evolução. (RORTY, 1995, p. 67)

Finalmente, Rorty propõe uma versão ironista do fim da metafísica (cf. RORTY, 2007a, p. 133-168). Para ele, essa figura do *teórico ironista* (que não se confunde com o cético e o cínico) é aquela que suspeita da metáfora do metafísico que vê uma ordem profunda no real que pode ser apresentada e compreendida como o Ser (RORTY, 2007a, p. 169). Seu pragmatismo tenta oferecer uma nova versão da nossa cultura e do sujeito sem qualquer perspectiva fundacionista, especular ou heróica, sem garantias ou qualquer nostalgia.

Lembrando Nietzsche no seu *Contingência, ironia e solidariedade,* Rorty fala de que interpretar o "mundo verdadeiro", como em Platão, é uma espécie de fábula. O que importa, porém, é que somos animais que têm a capacidade de descrever e redescrever a si mesmos, inventando o seu

SUBJETIVIDADE, LINGUAGEM E CONTINGÊNCIA

próprio sentido. Muitos autores acusam Rorty de estabelecer uma saída "individualista" e "burguesa" para o problema do sujeito. Jurgen Habermas, Karl-Otto Apel e Thomas McCarthy se ressentem da falta de alguma justificação ou fundamentação no tratamento que Rorty dá ao conhecimento, ao sujeito e, principalmente, ao sentido do agir moral (HABERMAS, 1989; APEL, 1990; MCCARTHY, 1992): deste ponto de vista, o "ironista privado" soa como uma noção irracionalista e relativista. E a essa acusação Rorty responde de modo direto:

> "Relativismo" é o epíteto tradicional aplicado ao pragmatismo pelos realistas. Três visões diferentes são comumente referidas a esse nome. A primeira é a visão de que toda e qualquer crença é tão boa quanto qualquer outra. A segunda é a visão de que a 'verdade' é um termo equívoco, possuindo tantos significados quanto houver procedimentos de justificação. A terceira visão de que não há nada a ser dito nem sobre a verdade, nem sobre a racionalidade, para além das descrições dos procedimentos familiares de justificação que uma dada sociedade – *a nossa* – emprega em uma ou outra área de justificação. O pragmático toma esse terceiro ponto de vista etnocêntrico. (RORTY, 1997a, p. 39-40)

Para ele, devemos, em primeiro lugar, fixar e cuidar da liberdade, pois a verdade vem depois. Do mesmo modo, não é de justificação e fundamentação que o pragmatista está à procura, mas de "encontros livres e abertos", pois, seja lá o que possa ser a racionalidade, ela é algo que obtemos quando a *força é substituída pela persuasão* e *se cuidarmos da liberdade política e cultural, verdade e racionalidade cuidarão de si mesmas.*

Historicista, romântico e ironista, Rorty sugere substituir o discurso fundante da epistemologia e a busca de um procedimento teórico e moral plenamente seguro assim como o fim da investigação pela *esperança* de um mundo melhor. Este é o horizonte amplo em que sua concepção de educação e escola será pensada: o sujeito plástico, a linguagem em movimento, a prática social aberta.

| CAPÍTULO II

# O PONTO DE VISTA HUMANO:
## CIÊNCIA, HERMENÊUTICA E SOLIDARIEDADE

No capítulo precedente, procuramos estabelecer introdutoriamente um certo horizonte de temas e problemas que fazem da obra de Richard Rorty uma instigante fonte para o debate intelectual da atualidade e, naquilo que nos interessa, para a reflexão sobre as práticas educacionais. Tentamos trazer em causa a crítica de Rorty à tendência de se procurar um conceito genérico, a-histórico e universal de sujeito e, ao mesmo tempo, apresentamos sua versão ironista, romântica e historicista do pragmatismo; um pragmatismo baseado na centralidade de questões ligadas à linguagem e à prática social.

Mas será que nossa afirmação de que a filosofia de Rorty anuncia um problema educacional não é excessivamente metafórica? Se é verdade que, em textos recentes, Rorty se apropriou de temas educacionais (para discutir problemas da escola nos Estados Unidos), isso seria suficiente para postular que há, nesse autor, uma preocupação *forte e relevante* acerca da Educação? Em que lugar, precisamente, Filosofia, crítica da Epistemologia e Pragmatismo, em Rorty, se enlaça com a Educação e a instituição escolar?

A nossa principal preocupação neste capítulo será a de discutir a leitura que Rorty faz da Hermenêutica em oposição ao lugar da Epistemologia (como discurso que justifica e orienta o conhecimento e a verdade). Por essa razão trataremos da Hermenêutica não por amor à erudição, mas porque, segundo nossa opinião, é apenas no horizonte da recepção da hermenêutica gadameriana – e não apenas na sua relação com o filósofo-pedagogo John Dewey – que o pragmatismo rortiano está maduro para oferecer um estatuto *prioritário* ao afazer educacional.

A Hermenêutica não substitui a Epistemologia por uma teoria científica melhor. Ela simplesmente *abandona* a Epistemologia. Por isso, Rorty acusa o sentido privilegiado do discurso científico (e seus assemelhados, o discurso da objetividade, da racionalidade, da verdade, da universalidade) na experiência cultural.

Será inicialmente com a Hermenêutica que Rorty deslocará a atenção da ciência, da explicação, da objetividade e da verdade e daquilo que Hilary Putnam (1990) chama de "ponto de vista do olho de Deus" ou "ponto de vista de lugar nenhum" e passará a dar atenção à interpretação, para a solidariedade, para a nossa comunidade e para o "ponto de vista do olho humano". A Hermenêutica[12] instiga para que nos ocupemos com "nossa linguagem", "nossa cultura", "nosso tempo" como o lugar da única existência que podemos compreender. A Educação, entendida na Hermenêutica como *Bildung*, exige a língua, a tradição, a história, o tempo, a recriação e a autoformação do homem.

Veremos porque o pensamento de Rorty comumente é identificado a um giro pragmático-linguístico-hermenêutico da filosofia (cf. Oliveira, 1996).

## O horizonte hermenêutico

Nas Ciências Sociais tanto quanto na Filosofia, tem avançado o movimento de reação contra a ideia de que os estudiosos da cultura e da sociedade humanas somente seriam cientistas se continuassem fiéis ao modelo galileano segundo o qual o vocabulário reducionista, matematizado e puro é aplicável nas atividades científicas porque não apenas explica os fatos, mas *reflete* o verdadeiro modo de ser das coisas. Tal modelo

---

[12] Boas introduções à Hermenêutica são HEKMAN (1990) e PALMER (1989).

galileano trabalha, sobretudo, com termos axiologicamente neutros, não subjetivos, puramente descritivos, sobre os quais possam estabelecer generalizações prognósticas – fica reservado aos ideólogos e literatas o trabalho subjetivo e valorativo.

Esse movimento de reação contra o modelo galileano, entre outras coisas, permitiu a emergência da ideia de uma "ciência do espírito" que estudaria as realizações e a natureza humana – como as Artes, o Estado, a Religião, a História, a Sociedade. É aqui onde encontramos a relevância da obra de Wilhelm Dilthey (cf. DILTHEY, 1984; 1986) e da hermenêutica que pretendeu uma *compreensão* científica dos seres humanos e da sociedade. Entretanto, Richard Rorty, ao apresentar seu pragmatismo, avança um pouco mais, propondo que toda ideia de *cientificidade* ou de eleição entre *métodos* parece sempre confusa, seja nos termos das Ciências Sociais ou da Filosofia. Segundo ele, não há sentido em perguntar se os cientistas sociais devem escolher entre a neutralidade axiológica e a interpretação subjetiva, mais ampla ou mais branda – essa pergunta deveria ser definitivamente descartada (cf. RORTY, 1999a, 2007a; 2007b).

Segundo Rorty, o conhecimento não é algo que pode ser plenamente justificado pela Metodologia Científica, nem é algo que esteja separado das outras práticas humanas como um "discurso privilegiado". Assim como a ideia de verdade, o conhecimento é simplesmente um *enaltecimento* feito às crenças que imaginamos estar bem justificadas; as crenças que, momentaneamente, satisfazem os objetivos do inquérito e tornam uma segunda justificação desnecessária – e só. Uma investigação sobre a natureza do conhecimento poderia ser, no máximo, uma avaliação histórico-social de como uma comunidade específica tentou alcançar concordância, *con-senso* (ou seja, uma partilha de sentido) sobre aquilo em que acredita.

Para Rorty, o sentido da Hermenêutica não é oferecer um critério para distinguir as Ciências Naturais das Ciências Humanas. Seu valor é acima de tudo o de desfazer a diferença epistemológica entre as várias formas de saber, sobretudo, entre cientificidade, letras e artes e práticas humanas em geral.

O mérito da Hermenêutica, principalmente em Hans-Georg Gadamer e Martin Heidegger, foi o de ter mostrado que o saber jamais alcança as coisas semelhantes a elas realmente; todas as formas de saber são, na verdade, formas de criação de leituras a partir da tradição e da língua, e não, formas de descoberta (cf. Warnke, 1991, p. 179). Como em Dewey, seria menos problemático pensarmos em toda a cultura (abrangendo arte, religião, ciência, literatura, etc.) como uma única atividade, contínua, na qual as divisões em áreas ou temas-chave seriam recursos meramente institucionais, políticos e pedagógicos, enfim, humanos (cf. Rorty, 1997a, p. 108; Dewey, 1953; 1959).

A Hermenêutica se pergunta: *como podemos compreender as obras humanas, principalmente do passado, e, com isso, compreender nossa própria condição?* Por isso, normalmente, ela trata de textos, signos, palavras, obras de arte e obras jurídicas. Ela afirma que a compreensão humana como tal é histórica, linguística e dialética (cf. Palmer, 1989, p. 214). A Hermenêutica parte do fato de que compreender é estar em relação, no tempo, com aquilo que se manifesta através da tradição.

Por outro lado, a compreensão hermenêutica não se dá sem tensões. O caráter estranho e familiar da infinidade de mensagens que são oferecidas pela tradição, *historicamente apresentadas em seu sentido e estrutura,* é que constitui, efetivamente, a tarefa hermenêutica. A Hermenêutica solicita uma posição mediadora entre o caráter estranho e familiar das mensagens. O intérprete confronta-se, inevitavelmente, com o seu pertencimento a uma tradição e com a sua relação distanciada para com os objetos que constituem o tema das suas pesquisas. Esse caráter oculto e, ao mesmo tempo, familiar (*heimilich*) é que constitui a operação interpretativa (cf. Gadamer, 1998, p. 67).

## Linguisticidade e historicidade

Os dois termos nucleares da Hermenêutica são *linguagem* e *historicidade*. Segundo Gadamer, de um lado, um ser que pode ser compreendido é linguagem: a Hermenêutica é um encontro com o Ser através da linguagem (cf. PALMER, 1989, p. 52). Do outro lado, a consciência que existe é a consciência histórica que, para ser *verdadeira e concreta, deve considerar a si mesma já como fenômeno essencialmente histórico*. Vemos em Dilthey que só podemos conhecer numa perspectiva histórica, já que *nós mesmos* somos seres históricos. Gadamer, por conseguinte, afirma que a superação da ingenuidade natural que nos faz julgar o passado pelas supostas evidências de nossa vida atual e a adoção da perspectiva de nossas instituições, de nossos valores e verdades adquiridos é o ato a partir do qual exercemos o nosso senso histórico, donde a interpretação é a operação resultante.

> A consciência histórica já não escuta beatificamente a voz que lhe chega do passado, mas, ao refletir sobre a mesma, recoloca-a no contexto em que ela se originou, a fim de ver o significado e o valor relativos que lhe são próprios. Esse comportamento reflexivo diante da tradição chama-se *interpretação*. (GADAMER, 1998, p. 18-19, grifo do autor)

Nesse ponto reside a relevância da linguagem porque "a interioridade humana só na linguagem encontra a sua expressão completa, exaustiva e objetivamente compreensível" (DILTHEY, 1984, p. 151). Esse ato interpretativo, que implica um ato de compreensão histórica, seria *fundamentalmente* distinto da operação de quantificação do modelo galileano. Para Dilthey, um ato de compreensão histórica subentende um conhecimento pessoal, individual do que significa sermos humanos. Ele sustenta a necessidade, nas Ciências Humanas, de uma outra "crítica" da razão; tal crítica faria para a compreensão histórica o que a crítica kantiana da razão pura tinha feito para as Ciências Naturais – uma "crítica da razão histórica" (DILTHEY, 1986, p. 39 *et seq.*; PALMER, 1989, p. 50). Percebemos, portanto, que o esforço de Dilthey em relação às Ciências do Espírito (*Geisteswissenschaften*) se sustenta, ainda, sob a sombra da fundamentação das Ciências Naturais, tendo como referência alguns dos seus princípios como a objetividade e o método.

O grande passo que Martin Heidegger (cf. HEIDEGGER, 1988) deu em relação a Dilthey foi a introdução do princípio segundo o qual a *compreensão* e a *interpretação* são modos fundantes da existência humana e não apenas consequências dela. A objetividade e os fundamentos para as Ciências Humanas não estão aqui colocados ao modo diltheyniano.

Com esse passo adiante em relação à Dilthey, Heidegger apresenta a linguagem como reveladora do nosso mundo. Esse mundo não é o mundo científico ou ambiente, mas o *mundo da vida*, pois a linguagem cria a possibilidade de o homem poder pertencer a um mundo ao falá-lo e compreendê-lo. Nesse sentido, é a linguagem que possibilita o laço social, a existência e o reconhecimento. Pertencer a um mundo é ao mesmo tempo pertencer à linguagem. O homem partilha suas crenças através da linguagem como mundo, existindo, ele próprio, na linguagem. A experiência não antecede a linguagem, pois a própria experiência ocorre na e pela linguagem. A linguagem é condição. O homem não é anterior à linguagem; outrossim é a linguagem que o constitui. Assim, linguisticidade e existência se confundem.

Em *Verdade e método*, Gadamer tentou mostrar que o processo de confronto entre o velho e o novo, a tradição e o presente permite que o novo venha à luz através do antigo, constituindo, desse modo, um processo de "comunicação dialética". É a partir daí que ele toma a pretensão da Hermenêutica à universalidade, onde a linguagem é a base constituinte do homem e da sociedade (cf. GADAMER, 1997, p. 14).

A *experiência* histórica, assim como a *experiência* linguística, é algo que constitui a própria possibilidade da *consciência humana*. A consciência humana não é uma inteligência infinita e infalível para a qual o mundo e a realidade se encontram integralmente presentes e definidos. A consciência humana é precária, provisória e contingente.

## Hermenêutica e pragmatismo

Rorty salienta que a nossa tradição cultural ocidental (que remonta aos gregos e atravessa o período iluminista), centrada na noção de *busca pela verdade*, é o melhor exemplo da tentativa de encontrar um sentido para a existência a partir do abandono da solidariedade em direção à objetividade. A ideia de verdade como algo que seduz, orientando nossas inquietações, nossas investigações, que tem a si própria como causa, sem nenhum sentido de solidariedade para uma comunidade, é o tema norteador dessa tradição.

> Nós somos os herdeiros dessa tradição objetivista, centrada na assunção de que nós precisamos nos manter fora de nossa sociedade, o tempo que for necessário, para examiná-la sob a luz de algo que a transcenda; ou seja, sob a luz disso que ela tem em comum com toda e qualquer outra comunidade humana possível e atual. Essa tradição sonha com uma comunidade derradeira que terá transcendido a distinção entre o natural e o social, que exibirá uma solidariedade que não é paroquial porque é a expressão de uma natureza humana a-histórica. (RORTY, 1997a, p. 38)

Rorty procura dissolver um dos impasses fundamentais do pensamento pragmatista que tem oscilado, segundo ele,

> [...] entre a tentativa de elevar o resto da cultura para o nível epistemológico das Ciências Naturais e a tentativa de puxar o nível das Ciências Naturais para baixo, até elas se tornarem o par epistemológico da arte, da religião e da política. (RORTY, 1997a, p. 91)

A distinção entre o objetivo e o subjetivo foi designada paralelamente à distinção entre fato e valor, Ciências Naturais e Ciências Sociais, na tentativa de apresentá-las como dualismos inúteis. Discutir sobre a prioridade, habilidade, objetividade, precisão de qualquer uma sobre a outra (ou qualquer traço que as distinga *fundamentalmente*) não traz nenhum avanço. O que está em causa no pragmatismo assinado por Rorty não é a afirmação ou crença de que os filósofos ou críticos literários são melhores no que concerne a pensar criticamente, ou a empreender visões amplas e extensas das coisas, do que os teóricos da Física, chamados de cientistas "naturais" (aqueles que fazem ciência dura); o que está em causa, sobretudo, é o sentido de solidariedade: do que é possível empreender e fazer pela comunidade de pertencimento para que seja mais livre (no sentido da democracia liberal que Rorty professa) e para que possa ampliar o sentido de esperança social.

O pragmatismo rortiano trata as humanidades como estando no mesmo nível da arte e pensa em ambas como fornecendo "antes prazer do que verdade" (RORTY, 1997a, p. 56). Nesse aspecto em especial, Rorty recorre a Heidegger e à sua poética para fazer valer a literatura e a poesia como saídas possíveis a esses impasses. Se tratarmos qualquer tema-chave como tratamos a poesia, diz Rorty, torna-se mais fácil introduzir, inventar qualquer metáfora, redescrever e ampliar o modo de ver as coisas.[13]

Essas distinções tão comuns no discurso da modernidade entre fatos sólidos e valores flexíveis, experiência e natureza, verdade e prazer, objetividade e subjetividade são instrumentos ineficazes, pois elas não são adequadas para dividir a cultura; mas, ao contrário, elas criam mais dificuldades do que resolvem.

A ciência moderna se aproxima da teologia tradicional, no sentido de promover a perpetuação do isolamento do homem e da experiência da natureza. E a intenção de perpetuação é viabilizada, justamente, pela utilização do vocabulário que se pretende próprio à natureza. Para ambos os autores, o melhor seria encontrar outro vocabulário e recomeçar, urbanizar o discurso num outro *tom*. No entanto, para fazermos isso, temos que primeiro encontrar um novo modo de descrição das Ciências Naturais, considerando-as como mais uma narrativa oferecida por uma comunidade específica. Não é uma questão de refutar ou aviltar o cientista natural, mas simplesmente deixar de vê-lo como um sacerdote, desmistificá-lo.

---

[13] Sobre a interpretação de Rorty da obra de Heidegger, ver RORTY, 1993.

O pragmatista sugere que modifiquemos a imagem que temos da ciência e do cientista, isto é, em vez de um lugar sobre-humano, que seja um lugar também habitado pelas diversas práticas e afazeres sociais (RORTY, 1997d, p. 56). Precisamos parar de pensar numa natureza a-histórica, não contingente, na objetividade como princípio; devemos ampliar nosso sentido de solidariedade e cooperação, de tolerância e de contingência à Epistemologia. Dewey e Rorty preferem pensar na ideia de que o homem pode aprender com sua história (a partir das narrativas descritas por seus pais, seus avós, por exemplo) sem nenhum determinismo. O pragmatismo parte da concepção darwiniana, naturalizada do mundo, e pensa nos seres humanos como produtos fortuitos da evolução.[14] Desse modo, não há sentido em distinguir qualquer ciência recorrendo a qualquer argumento essencialista ou realista.

Rorty insistirá que o desejo de uma Teoria do Conhecimento é o desejo de um "constrangimento" – um desejo de encontrar "fundamentos" a que nós pudéssemos nos ligar, "quadros para além dos quais nós não devêssemos perder, objetos que se impõem a si mesmos, representações que não pudessem ser negadas" (RORTY, 1988, p. 247). Ele toma emprestada de Nietzsche a expressão "conforto metafísico", para indicar esse desejo pela fundamentação epistemológica e pela objetividade. O "conforto metafísico" é o engodo da modernidade do qual adverte agora Rorty; é o conforto de pensarmos em nós mesmos como seres infinitos e não contingentes, é a herança da promessa cristã. E é contra esse "conforto", que nos acomoda frente à vida, ao vocabulário, às relações sociais, que Rorty oferece suas *redescrições* e *metáforas*.

A Hermenêutica não é o nome de uma disciplina, nem de um método para atingir o tipo de resultados que a Epistemologia não conseguiu alcançar, nem de um programa de pesquisa. Ela deve ser uma expressão de esperança de que o posto até então ocupado pela Epistemologia não seja preenchido – "em que a nossa cultura se deva tornar uma cultura

---

[14] Sobre a leitura que Rorty faz de Darwin, ver RORTY, 2005, p. 361 *et seq.*.

em que já não seja sentida a procura de constrangimento e confrontação" (RORTY, 1988, p. 247-248). A noção de que existe um quadro neutro permanente cuja estrutura pode ser exposta, visualizada, explicada pela filosofia é a noção de que os objetos a serem confrontados pela mente, ou as regras que constrangem o inquérito, são comuns a todo o discurso, ou, pelo menos, a cada discurso sobre um dado tema ou assunto.

A Hermenêutica é, em boa medida, uma tentativa de oposição a essa proposição e o pragmatismo assume essa oposição como proposta, redescrevendo inclusive a ideia de comensurabilidade[15] como a possibilidade de reunião de um conjunto de regras que nos oriente no sentido de alcançarmos um acordo racional acerca do que provoca conflito e dúvidas.

> A noção dominante de epistemologia é que para sermos racionais, para sermos completamente humanos, para fazermos o que devemos, precisamos de ser capazes de arranjar um acordo com outros seres humanos. Construir uma epistemologia é encontrar a quantidade máxima de terreno comum com os outros. (RORTY, 1988, p. 248)

A hermenêutica rortiana vê as relações entre vários discursos como as dos fios numa possível conversação; uma *conversação* que não pretenda se sustentar sobre uma base disciplinar que defina o lugar e as competências dos locutores; mas, ao contrário, uma conversação onde nunca se perde a esperança de acordo. Essa esperança não é a esperança da descoberta de um solo comum anteriormente existente, mas *simplesmente* a esperança de acordo, ou, pelo menos, de desacordo excitante e que, de algum modo, provoque consequências frutíferas. A Hermenêutica trata-os como unidos e próximos naquilo a que ele chama uma *societas* – pessoas cujos caminhos pela vida se encontraram, unidas muito mais pela *civilidade* do que por um objeto comum ou por um solo comum.

---

[15] Cf. RORTY, 1988, p. 257 *et seq*. Sobre o tema da incomensurabilidade e sobre a obra de Kuhn, ver o livro *Kuhn & a Educação*, de Alfredo Veiga-Neto, nesta coleção.

## Da Epistemologia à Hermenêutica

A Hermenêutica não é *outra maneira de conhecer*, é, antes, outra forma de perceber o universo de problemas e tensões. Seguramente, Rorty não faz distinções entre compreensão, explicação e interpretação; ele acredita que contribuiria para a clareza filosófica se *déssemos* simplesmente a noção de "cognição" à ciência prognóstica e parássemos de nos preocupar com "métodos cognitivos alternativos". Em sua análise, a palavra *conhecimento* não pareceria ser digna de disputa se não fosse a tradição kantiana de que ser um filósofo é possuir uma teoria do conhecimento e a tradição platônica de que a ação que não se baseia no conhecimento da verdade de proposições é irracional.

O pragmatista deve admitir que não possui nenhum ponto de partida firme a partir do qual apoia os hábitos das democracias modernas que ele elogia e mesmo participa, mas dentre os partidários da objetividade há um grande temor de que isso leve ao etnocentrismo ou ao relativismo. Torna-se muito claro, portanto, na leitura da obra rortiana, a crença de que devemos estabelecer um privilégio especial (privilégio aqui não diz respeito a nenhuma fundamentação epistemológica, mas moral) para a nossa própria comunidade (e, no caso especial de Rorty, para a comunidade democrático-liberal americana), ou corremos o risco de pretender uma tolerância impossível de todos os outros grupos.[16]

Esta é sua posição perante o etnocentrismo e seu posicionamento frente às outras culturas. Afirma, com toda eloquência, que deveríamos ser francamente mais etnocêntricos e menos pretendidamente universalistas, mesmo que essa posição implique críticas severas por parte de outras comunidades, pois seu etnocentrismo não tem o "dever" de justificar tudo. Essa posição é, basicamente, a de um Rorty "ironista público liberal" já citada anteriormente (cf. RORTY, 2007a; RORTY, DERRIDA *et al.*, 1998).

---

[16] Rorty publicou, na *Folha de São Paulo*, o artigo "O futuro da utopia", onde apresenta a relevância da utopia como sonho de um mundo melhor e igualitário frente ao "esnobismo do pensamento pós-moderno".

A esperança rortiana é manter a *conversação* como um objetivo suficiente para a filosofia, onde a sabedoria consiste na capacidade de sustentar e preservar essa conversação. Assim, imagina Rorty, podemos ver os seres humanos como criadores, geradores, inventores daquilo que ele chama re-descrições, ao invés de vê-los como seres capazes de serem *exatamente* descritos. Por essa razão, nem mesmo dizendo que o homem é sujeito e ao mesmo tempo objeto *por si* ou *em si*, estamos a apreender a sua essência.

> Quando sugerimos que uma das poucas coisas que sabemos (ou necessitamos saber) acerca da verdade é que ela é algo que se conquista em um encontro livre e aberto, nós somos avisados de que definimos "verdade" como "a satisfação dos padrões de nossa comunidade". Mas nós, pragmáticos, não sustentamos esse ponto de vista relativista. Não inferimos de que "não há nenhuma forma racional para justificar comunidades liberais frente a comunidades totalitárias". Pois essa inferência envolve justamente a noção de "racionalidade" como um conjunto de princípios a-históricos, a noção que os pragmáticos abjuram. O que nós de fato inferimos é que não há ne-nhuma forma de bater os totalitários com argumentos, apelando para premissas comuns compartilhadas, e ne-nhum sentido, em pretender que uma natureza humana comum faça com que os totalitários, inconscientemente, sustentem tais premissas. (RORTY, 1997s, p. 64)

## Objetividade e solidariedade: da ciência à esperança social

Os pragmatistas querem substituir a ideia de objetivida-de pela de concordância não forçada. Essa última refere-se a "nós", um "nós" etnocêntrico. Para Rorty, nós sempre podemos ampliar os "nossos" escopos observando outras pessoas ou culturas como membros ou representantes, tanto quanto nós mesmos, de alguma comunidade de investigação – tratando-os como partes de um grupo, no interior do qual a concordância não forçada deve ser buscada. O que não podemos fazer é nos lançar para além de todas as comunidades humanas numa incursão a-histórica e finita, não contingente, não etnocêntrica. Essa passagem diz respeito justamente à porção de filiação à tradição, costumes e valores que sempre nos interpela. Negar essa porção é negar os próprios limites. A democracia, nesse contexto, se inscreve como elemento que permite esse encontro sempre precipitado, que possibilita a conversação e o acordo.

A conversação e o acordo, como possibilidades viabilizadas pela democracia, não acontecem certamente sem as devidas tensões; disso o próprio Rorty está advertido. O pragmatismo não se vê iludido frente aos limites (da linguagem, do homem, da vida, etc.). Poderíamos até afirmar que – utilizando o jargão psicanalítico – o pragmatismo está advertido da sua castração; mas nem por isso desiste da causa que toma como sua. A valorização e prioridade rortiana das práticas democráticas e liberais sobre qualquer outra e do confronto livre e aberto para negociações é profundamente atacada por alguns dos seus críticos. De certo modo, Rorty é considerado, às vezes, apenas mais um democrata liberal americano, um romântico ou um relativista pretensioso.[17]

Um pragmatismo é uma aposta na esperança social (cf. RORTY, 1999d, p. 201-209), sem qualquer fundamentação objetiva ou filosófica. Para ele, é possível apostar em tais práticas por uma condição de solidariedade não fundamentada em qualquer proposição científica, objetivamente válida ou uma versão humanista-cristã dos seres humanos acalentada pelo caráter fundamentado ou essencialista dos seres humanos.[18]

Rorty prefere não falar de uma *nova ciência social*, mas de *esperança social* na qual o núcleo é efetuar a função

---

[17] O apelo rortiano à democracia parece muitas vezes pouco razoável, por exemplo, na ótica desconstrucionista derridiana, onde a democracia está sempre "por chegar", atravessada pela indecidibilidade e mantendo para sempre aberto seu elemento de promessa (RORTY; DERRIDA *et al.*, 1998).

[18] Um exemplo dessa versão humanista-cristã lançado por Rorty é a Declaração de Helsinki, onde podemos verificar o caráter fundacionista, essencialista dos direitos humanos ali expostos (RORTY, 1995).

social a que Dewey chamou "quebrar a crosta da convenção", impedir que o homem se iluda com a noção de que conhece a si próprio, ou a qualquer outra coisa, exceto sob descrições opcionais. Ele pensa que colocando a questão em termos políticos e morais, ao invés de colocá-los em termos epistemológicos ou metafísicos, deixa as coisas mais claras. É uma questão de escolha de princípio e não o modo segundo o qual se definem palavras como verdade, racionalidade, conhecimento ou filosofia. O problema gira em torno de qual autoimagem nossa sociedade deveria ter de si mesma. Quando se diz que há "uma necessidade de se evitar o relativismo", isso é, no máximo, justificável como um esforço de manter certos hábitos concernentes ao modo de vida do homem europeu. Sua esperança é uma esperança numa sociedade "global, cosmopolita, democrática, igualitária, sem classes, sem castas" em franco antagonismo com Platão (cf. Rorty, 1999d, p. xii).

É nesses termos que Rorty elabora sua interpretação da Hermenêutica e, com isso, oferece um dos pontos de inflexão do debate filosófico sobre ciências e, principalmente, acerca dos discursos sobre o homem. Para ele, há uma absoluta prioridade das práticas sociais que se inventam e se criam (no sentido poético e até heideggeriano do termo) no conflito aberto e renovável. Por essas razões, a conclusão a que chega pode ser assim definida:

> Uma vez que "educação" é um pouco insípido demais, e *Bildung* [educação, autoformação] um pouco estranho demais, utilizarei "edificação" para significar este projeto de encontrar novas, melhores, mais interessantes e mais fecundas maneiras de falar. A tentativa de edificar (a nós mesmos ou a outros) pode consistir na atividade hermenêutica de estabelecer ligações entre a nossa própria cultura e qualquer cultura exótica ou período histórico, ou entre a nossa disciplina e uma outra que pareça perseguir fins incomensuráveis num vocabulário incomensurável. Mas pode, em vez disso, consistir na atividade "poética"

de projetar esses novos objetivos, novas palavras, ou novas disciplinas, seguida, por assim dizer, pelo inverso da hermenêutica: a tentativa de reinterpretarmos o nosso ambiente familiar nos termos pouco familiares das nossas novas invenções. Em qualquer dos casos, a atividade é (apesar da relação etimológica entre as duas palavras) edificante sem ser construtiva – pelo menos se "construtiva" significar o tipo de cooperação na realização de programas de investigação que ocorre no discurso normal. Porque o discurso edificante é *suposto* ser anormal, arranca-nos para fora do nosso velho eu pelo poder da estranheza, para nos ajudar a tornar novos seres. (RORTY, 1988, p. 279, grifo do autor)

Nós nos refazemos ou nos "autocriamos" quando lemos textos, falamos com os outros, escrevemos, interpretamos as nossas grandes narrativas, quando adotamos novas frases a nosso respeito; quando ouvimos histórias (e estórias!) contadas por nossos professores, pais e avós e aquilo que nos torna aptos a dizer coisas novas e interessantes acerca de nós mesmos é profundamente mais essencial do que os acontecimentos gnoseológicos e tecnológicos que transformam os nossos modos ou padrões de vida. Ora, a Educação em Rorty está ao lado da Hermenêutica numa posição oposta à Epistemologia, pois: "do ponto de vista educativo, por oposição ao ponto de vista epistemológico ou tecnológico, *o modo como as coisas são ditas é mais importante de que a posse de verdades*" (RORTY, 1988, p. 279, grifos nossos).

Em oposição ao *racionalismo das luzes modernas* e à ideologia de uma ciência soberana Rorty forja a noção de "edificação" (em inglês *edification*): as expressões educação e Bildung compreendem o ideal de *encontrar novas, melhores, mais interessantes e mais fecundas maneiras de falar.* Isso que podemos chamar de uma *tentativa de edificar a nós mesmos ou a outros* tanto pode ser uma atividade hermenêutica que liga a nossa cultura a outras culturas estrangeiras e extemporâneas... entre nosso vocabulário e outros vocabulários incomensuráveis, quanto pode ser, ao contrário, na contramão da Hermenêutica, uma atividade poética que, no uso desses novos vocabulários, reinterpreta o nosso ambiente familiar nos termos pouco familiares das nossas novas invenções.

A edificação é um discurso desalojado do sentido comum e herdado de falar (é um discurso anormal) e deve nos arrancar para além da velha compreensão que temos de nós mesmos... para ajudar a nos tornarmos novos seres. Edificação significa o modo como podemos revisitar e refazer aquelas narrativas e discursos que nos situam no mundo e indicam o que somos e o nosso lugar e destino, da invenção de novas narrativas, de novos vocabulários para velhas descrições e de maneiras criativas de dizer e fazer. A interpretação é a possibilidade de transformação, posto que podemos redescrever o mundo de um modo novo.

A tradição humanista evocada na grande obra de Gadamer, *Verdade e método*, pensa na *Bildung* como algo *relativo* a vocabulários que pertencem a períodos, tradições e acidentes históricos. Não se pode pensar, nesse sentido, em "essência do ser" ou "essência do homem" ou representação da essência da realidade. Gadamer quer furtar-se à tentativa de conquistar uma "objetividade" especial para as *Geisteswissenchaften*, como quisera Dilthey.[19] Ao fazer isso, ele impede que a ideia de educação se reduza à instrução, reprodução dos resultados do "pensamento normal-tradicional".

Com isso, Rorty parece *reivindicar* um trabalho intelectual inventivo que recria a imagem que temos de nós mesmos. Este é, por fim, o motivo a partir do qual se delineia a olhar que Rorty lança sobre a educação. É sobre isso que trataremos nos próximos capítulos.

---

[19] Gadamer (1998, p. 27-38) desenvolve mais detalhadamente sua crítica à tendência epistemologizante de Dilthey nas conferências reunidas em *O problema da consciência histórica*.

| CAPÍTULO III

# RECONSTRUIR-SE, REDESCREVER-SE: RORTY LEITOR DE DEWEY

## Filosofia, autocriação e edificação

No capítulo precedente sinalizamos que há em Rorty uma temática que está eminentemente vinculada à reflexão sobre a Educação, a saber, a *Bildung* [educação, autoformação]. Esse tema aparece na sua crítica à filosofia como Epistemologia, liga-se à sua compreensão da relevância da Hermenêutica heideggeriana e gadameriana e é uma expressão da ideia de uma *redescrição do homem.*

É aí que Rorty desenvolve o contraste entre a filosofia sistemática (como Platão e Hegel, que definem o que e como deve ser o homem) e a filosofia edificante (como Wittgenstein, Heidegger, Gadamer e Dewey, que são céticos em relação à filosofia sistemática e a todo projeto de comensuração universal, oferecendo, ao invés disso, paródias e aforismos, um discurso aberto, discurso este que se esgota no momento que cessa a época contra a qual se dirigem). A filosofia edificante *não busca a verdade ou o conhecimento;* ela está interessada, ao contrário, em *ampliar a solidariedade e a conversa entre os humanos* (RORTY, 1988, p. 288; cf. tb. RORTY, 1991b, p. 126 *et seq.*). Por isso Rorty não é uma *irracionalista,* mas alguém que pensa na racionalidade como uma questão de *estar aberto e curioso,* bem como de confiar antes no poder das palavras, da conversa.

Por essa razão, a "conversação" – ponto central da Hermenêutica – é mais fundamental do que o Método e a Verdade – ponto central da Epistemologia. Na "conversação" adquirimos a capacidade de fazer comparecer as interpretações que alimentam nossa imagem do mundo; não é da Verdade que se trata, mas de conflitos e buscas que justificam ou tentam justificar a existência humana. Nas suas palavras,

> Ver a manutenção da conversação como um objetivo suficiente para a filosofia, ver a sabedoria como consistindo na capacidade de sustentar uma conversação, é ver os seres humanos mais como geradores de novas descrições do que como seres que esperamos ser capazes de descrever exatamente. (RORTY, 1988, p. 292)

A Filosofia deveria ser uma inspiração para que nos *reconstruíssemos* e nos *redescrevêssemos*.

## Pragmatismo e Educação

O neopragmatismo de Rorty encontra em James e Wittgenstein, mas principalmente em Dewey, uma fonte que cultiva utopias muito próximas à *Bildung* hermenêutica. Como sabemos, em Dewey, o problema da educação não é um simples problema escolar, mas o tema central da *reconstrução da filosofia* (cf. DEWEY, 1959); ou seja, isso diz respeito ao modo como o pensamento se vê desafiado a pensar o processo, ao mesmo tempo "histórico" e "natural", da reconstrução contínua da experiência (cf. DEWEY, 1980c).

Ao fazer de Dewey uma fonte do seu neopragmatismo, Rorty, na conferência "Dewey entre Hegel e Darwin" de 1991 (cf. RORTY, 2005, p. 361-383; ver também RORTY, 2007b, p. 183-202), aproxima o pensamento de Dewey do *historicismo* de Hegel e do *naturalismo* de Darwin (RORTY, 2005, p. 274). Por historicismo, Rorty compreende a doutrina na qual não existe relação especular, próxima, direta entre linguagem e mundo; ou seja, não há nenhuma imagem do mundo projetada pela linguagem que seja, em relação a qualquer outra, mais ou menos representativa do modo *como o mundo realmente é* (RORTY, 2005, p. 262). Numa concepção historicista não existe descrição da natureza que seja mais ou menos acurada ou concreta do que alguma rival (a menos que mais acurada e menos acurada sejam construídas pragmaticamente, significando algo como "mais útil para determinados propósitos").

O traço naturalista darwiniano de Dewey possibilitou a elaboração daquilo que batizou de *princípio de continuidade* em educação (Dewey, 1976, p. 17); pois, foi a partir de Darwin, que se tornou possível tratar a investigação e a cultura como uma continuação do processo de adaptação evolutiva, não sendo, portanto, mais possível pensar a cognição humana como alguma coisa que escapa às categorias biológicas nem, a partir de Dewey, pensar a educação como um processo que não seja contínuo, permanentemente readaptado a novas experiências e situações (Rorty, 1998c, p. 14).

Rorty diz que Dewey teria ficado agradecido pelo fato de o século XX ter gasto pouco tempo falando sobre a natureza última da realidade e ter substituído as questões kantianas – tais como "O que eu deveria fazer?", "O que devo esperar?" e "O que é o Homem?" – por questões do tipo: "Quais os propósitos da comunidade que eu poderia compartilhar?" e "Que tipo de pessoa eu poderia tentar me tornar?". Para Rorty,

> A filosofia de Dewey é uma tentativa sistemática de temporalizar todas as coisas, de não deixar nada fixo. Isso significa abandonar a tentativa de encontrar um quadro teórico dentro do qual se possa avaliar propostas para o futuro humano. A esperança romântica de Dewey era de que os eventos futuros tornariam qualquer quadro proposto obsoleto. O que ele temia era a estase: um tempo no qual todos aceitariam que os propósitos da história foram realizados, uma era de espectadores ao invés de agentes [...]. (Rorty, 1999b, p. 56)

Como historicista, Dewey pensa no sentido da filosofia como algo ligado à prática política, aos valores e aos interesses humanos. Dewey fala de *reconstruir a filosofia*, devolvendo-a à cidade dos homens.

Dewey aponta para a necessidade de uma sociedade igualitária e pluralista, na qual "a tolerância mútua estaria combinada, em um máximo de acordo, com a proliferação sem fim de variedades de estilo de vida e de pensamento" (Rorty, 1998c, p.13).

A tolerância e o acordo pensados por Dewey dizem respeito a uma posição ética e política, à possibilidade de continuação da conversação e insistência em um *significado final contínuo* – onde possamos mudar as noções de *certo* e *bom* em função do efeito particular de sucesso e fracasso produzido por nossos esforços prévios para agir corretamente e para fazer o que é bom – muito mais do que uma posição de subordinação ou inércia.

Para Dewey, o *fundacionismo* e o *essencialismo* servem apenas de entrave ao exercício de práticas mais democráticas e tolerantes. Isso porque constrói em todo seu percurso, como filósofo e teórico da educação, a aposta no acionamento de práticas alternativas, na disposição para o falar e o agir. Rompe, consequentemente, com um certo modelo já enformado pela filosofia e pedagogia da época e inventa criativamente uma nova perspectiva de alcance mais prático (ligado, certamente, à noção de experiência) e moderado.

Dewey, tanto quanto William James (1842-1910), renuncia ao que Nietzsche denunciou como "conforto metafísico" e o modelo de "homem socrático" (que tem como finalidade o *conhecimento*). Mas, contrariamente a Nietzsche, essa renúncia, segundo Rorty, não o conduziu a um pessimismo, nem a uma percepção trágica, nem ao abandono de noções democráticas e iluministas (pelo menos de certo traço iluminista não metafísico). A renúncia encontrou-se consubstanciada por um dever ético de luta em favor da liberdade em contraposição a qualquer fundamentação além dos limites do meramente humano, "pois, a liberdade humana, tomada não no sentido metafísico, mas no sentido político e concreto de capacidade dos seres humanos de viverem juntos sem se oprimirem uns aos outros, ocupa o lugar da Verdade e da Realidade como nossa finalidade" (Rorty, 1998c, p. 13).

James e Dewey desejam uma democracia social igualitária para seu país, o qual acreditavam ser "o lugar mais provável para emergir uma sociedade romântica esperançosa" (Rorty, 1998c, p. 11). Ao pragmatismo, reservaram a ambição de que fosse de alguma utilidade na construção de uma tal sociedade. O pragmatismo não seria uma corruptela de uma teoria da verdade como correspondência.[20] Ao contrário, viam-no apenas como uma ferramenta que podia fazer a vida intelectual de uma sociedade democrática um pouco mais fácil. A ambição maior de Dewey – e consequentemente do pragmatismo – é a ideia de expansão da justiça e esperança social.

Ora, como Dewey, então, consegue conciliar essa ideia de expansão da justiça e esperança social com a renúncia do modelo de homem socrático e do conforto metafísico tão bem sedimentado na cultura ocidental? Ou seja, como contrapor esse aspecto ético-moral, sem bases metafísicas ou iluministas, com a tendência de busca pela verdade no horizonte educacional como denuncia Dewey e, entre nós, Anísio Teixeira?

Observamos, portanto, que essa questão trata não de *resolver* a tensão entre duas posições de enfrentamento completamente distintas (uma preocupada com problemas de natureza epistemológica e outra preocupada com questões de natureza pragmática), mas, outrossim, de situar os limites onde se inscreve uma abordagem deweiana – especialmente no que concerne à educação e às práticas educativas. Isso porque, devemos lembrar, a abordagem educacional deweiana pensada nos termos de uma educação laica e universal (igualitária e para todos) surge exatamente na contramão da escola tradicional. O problema seguirá na direção de buscar identificar, em Dewey, o solo onde faz nascer um novo modo de dizer e fazer educação; sem, entretanto, abdicar da memória e das marcas da tradição.[21] Esse entendimento, certamente, se apresenta em coerência com a sua filosofia historicista e não está de modo algum dissociada das práticas que dão sustentáculos à sua realização.

Desse modo, John Dewey definitivamente rejeita o conhecimento do passado como o *fim* de educação, dando-lhe maior importância como *meio* de educação. Isso quer dizer que o conhecimento corresponde à formação de crenças confiáveis

---

[20] No texto "Pragmatismo, Davidson e a verdade", Rorty debate demoradamente a refutação da teoria da verdade como "correspondência" (RORTY, 1991b, p. 126 seg.).

[21] No caso especial de Rorty, isso diz respeito ao próprio sentido da nação norte-americana. Cf. RORTY, 1999b, p. 39-74.

e que não possui nenhum fim em si mesmo. As crenças têm como fundo a tradição, a língua, as nossas práticas religiosas, científicas, etc. e orientam as nossas ações. O passado, do ponto de vista pragmático e historicista, nos interpela e anima mais do que nos dá respostas definitivas; ele nos lança para um futuro aberto e renovável. Essa problemática se traduz nas suas preocupações pedagógicas, como verificamos na passagem que se segue, "como poderá o jovem conhecer e familiarizar-se com o passado de modo tal que este conhecimento se constitua poderoso fator de sua apreciação e sentimento do presente vivo e palpitante?" (DEWEY, 1976, p. 11).

Como teórico da educação, Dewey está preocupado com a experiência educacional. Como realizar as ambições do seu projeto filosófico e pedagógico no interior das relações sociais e, portanto, educacionais?

Em *Experiência e educação* (1976), Dewey diz que a história da teoria da educação esteve marcada por ideias que empobreciam e restringiam o campo possível da experiência: "a ideia de que a educação é desenvolvimento de dentro para fora e a de que é formação de fora para dentro; a de que se baseia nos dotes naturais e a de que é um processo de vencer as inclinações naturais e substituí-las por hábitos adquiridos sob pressão externa" (DEWEY, 1976, p. 3). Quando faz essa avaliação, ele não apenas mapeia o terreno de teorias e práticas em educação existentes, mas identifica o modo como elas estão marcadamente distintas das suas. É a partir daí, então, que traça o seu próprio entendimento. Tal entendimento pode ser desenhado aqui como a tentativa de redefinir a pedagogia alinhando-se à dissolução, abandono das noções até aí difundidas e assimiladas.

Dewey considera fundamental a ideia de haver relação íntima e necessária entre os processos de nossa experiência real e a educação; isso não quer dizer, entretanto, que *experiência e educação* sejam termos que se equivalem. A hipótese de que uma educação legítima se realiza através da experiência, não implica a suposição de que todas as experiências são legítimas e igualmente educativas. Algumas experiências, lembra Dewey, são deseducativas: aquelas que produzem o efeito de interromper ou distorcer o crescimento dirigido a experiências novas e posteriores (DEWEY, 1976, p. 8). E lembremos que o *crescimento* (como lembra a noção de *Bildung*) é a ambição maior deweiana!

Portanto, para ele, não é suficiente insistir na necessidade de experiência sem que haja uma preocupação com a *qualidade* da experiência por que se passa. Pois a qualidade da experiência colabora na assimilação, na aprendizagem de experiências posteriores. Lemos, então:

> [...] Assim como homem nenhum vive ou morre para si mesmo, assim nenhuma experiência vive ou morre para si mesma. Independentemente de qualquer desejo ou intento, toda experiência vive e se prolonga em experiências que se sucedem. Daí constitui-se o problema central de educação alicerçada em experiência a seleção das experiências presentes, que devem ser do tipo das que irão influir frutífera e criadoramente nas experiências subsequentes. (DEWEY, 1976, p. 17)

Essa seleção das experiências é a tarefa precípua da escola que deve criar um ambiente de vida em que favoreça a consecução de um conjunto específico de experiências, deixando de lado, obviamente, outras. A escola desejada por Dewey é aquela que possibilita o maior número de experiências novas e, diria Rorty, edificantes.

É, precisamente, a partir desse ponto que nasce o projeto educacional deweiano, pensado nos termos de uma filosofia da educação. E mais do que uma preocupação de cunho teórico-formal na formulação-elaboração desse projeto, Dewey apresenta uma preocupação, uma inquietação, no que diz respeito ao *fazer* e ao *como fazer*, como realizá-lo. A *experiência* ganha espaço prioritário, já que o *fazer* diz respeito às experiências concretas, e a educação diz respeito às consequências que resultam de sua aplicação na prática: "quanto mais definitiva e sinceramente se sustenta que educação é desenvolvimento dentro, por e para experiência, tanto mais importante se faz a necessidade de clara concepção do que seja experiência" (DEWEY, 1976, p. 17).

A ideia de experiência envolve além de um aspecto estético (Dewey,1980b) também um aspecto político: para ele, a *experiência* é fundamentada na ideia de liberdade, que só se sustenta como liberdade democrática. Assevera sua preferência pelo que denomina de métodos democráticos e humanos aos "métodos autocráticos" no seu projeto educacional. Acredita, ainda, de maneira cabal, que o "arranjo social democrático promove melhor qualidade de experiência humana – experiências mais largamente acessíveis e mais capazes de satisfazer amplos anseios humanos do que as formas não democráticas e antidemocráticas de vida social" (Dewey, 1976, p. 24-25).

## A experiência na democracia

O *movimento progressivo* de que fala Dewey é um movimento de cunho democrático-liberal indissociável da ideia de educação. Nasce, então, a *Educação Nova*[22] ou *Progressiva*, em contraposição à *Tradicional*:

> [...] À imposição de cima para baixo, opõe-se a expressão e cultivo da individualidade; à disciplina externa, opõe-se a atividade livre; a aprender por livros e professores, aprender por experiência; à aquisição por exercício e treino de habilidades e técnicas isoladas, a sua aquisição como meios para atingir fins que respondem aos apelos diretos e vitais do aluno; à preparação para um futuro mais ou menos remoto opõe-se aproveitar-se ao máximo das oportunidades do presente; a fins e conhecimentos estáticos opõe-se a tomada de contato com um mundo em mudança. (Dewey, 1976, p. 7)

Entretanto, a liberdade pensada por Dewey não é a liberdade anárquica ou aquela que participa da essência humana ou que nasce do ascendimento à subjetividade autodeterminada – traço da modernidade. Por isso Rorty encontra traços antimodernos de Dewey avizinhados aos de Foucault:

---

[22] Ver Dewey (1953; 1957; 1980a); e Teixeira (1969) sobre o movimento que culminou, no Brasil, com o chamado escolanovismo.

> Dewey estava tão convencido quanto Foucault de que o sujeito é uma construção social, que as práticas discursivas cobrem de ponta a ponta nossos corações e mentes. Mas ele insistiu que a única finalidade da sociedade é construir sujeitos capazes de viabilizar formas de felicidade humana cada vez mais novas e ricas. (RORTY, 1999b, p. 67)

Para Dewey, a liberdade corresponde à liberdade de inteligência, ou seja, à liberdade de observação e de julgamento com respeito a propósitos intrinsecamente válidos e significativos. Dewey afirma que o erro mais comum cometido em relação à liberdade foi o de identificá-la com liberdade de movimento e com o lado físico e exterior da atividade. Esse lado exterior e físico da atividade, diz ele, não pode ser separado do seu "lado interno, da liberdade de pensar, desejar e decidir" (DEWEY, 1976, p. 59). Do mesmo modo, Rorty faz comparecer figuras como Nietzsche, Freud, James, Foucault, Wittgenstein para exemplificar e apontar o que entende por liberdade: aquela que facilita o reconhecimento da contingência em contraposição ao reconhecimento da verdade ou do essencialmente humano (RORTY, 1994, p. 73; cf. RORTY, 1998b).

A importância atribuída tanto à experiência quanto à liberdade corrobora no entendimento do princípio de continuidade da experiência já citado neste capítulo. Esse princípio se sustenta na crença de que toda e qualquer experiência toma algo das experiências passadas e modifica de algum modo as experiências subsequentes (DEWEY, 1976, p. 26; 1952, p. 21). E essa crença – ao modo de uma aposta – deve, em Dewey, orientar a tarefa de educar.

Por isso, Dewey atenta para a instituição escolar como exercício educacional e práticas pedagógicas. O papel do educador ganha lugar especial no sentido de promover condições favoráveis ao crescimento e edificação dos seres mais imaturos. A responsabilidade maior do educador, de acordo com ele, não é apenas a de estar atento ao princípio segundo o qual as condições do meio formatam a experiência presente do aluno, mas também a de reconhecer nas situações concretas da vida cotidiana quais circunstâncias conduzem a experiências que possam produzir o crescimento. Acima de tudo, diz Dewey, "o educador deve saber identificar e utilizar as condições físicas e sociais do ambiente para delas aproveitar tudo que possa contribuir para um corpo de experiências saudáveis" e frutíferas (DEWEY, 1976, p. 32).

A linguagem, como pensa Dewey, só é possível nas interações sociais, no convívio, na assistência mútua, quando o significado é uma função natural da associação humana. A linguagem não é a expressão de algo, de uma coisa ou um pensamento. O que é fundamental na linguagem é a *comunicação, a cooperação em uma atividade na qual há parceiros* e a ação que modifica e regula as relações mútuas: "O significado, de fato, não é uma existência psíquica; é primordialmente uma propriedade do comportamento, e secundariamente uma propriedade dos objetos." (DEWEY, 1980c, p. 37-39) Não há nem pode vir a existir o solilóquio, a introspecção intuitiva, a linguagem interior, o pensamento anterior à linguagem partilhada com os outros:

> Se não houvéssemos conversado com outros e eles conosco, jamais falaríamos a nós e conosco próprio. Por causa do conversar, dar e receber social, posturas orgânicas várias passam a constituir uma reunião de pessoas ocupadas em conversar, conferenciando umas com as outras, em trocar experiências diversas, em ouvir-se mutuamente, bisbilhotando, acusando e escusando. [...] Assim emerge a mente. (DEWEY, 1980c, p. 31)

A filosofia de Dewey é marcada basicamente por essa compreensão da linguagem como prática social, no seio de uma vida que partilha o mundo com os outros e aprende (com os outros) a ordem das coisas. Linguagem, como um comportamento aprendido, é, do mesmo modo, um agente transformador e educador. Nesse aspecto, especialmente, ele atribui à *conversação* um importante papel no sentido de promover o crescimento e a enformação da experiência. No entanto, veremos, como se segue, que a sua eficiência não é suficiente,

Nas situações sociais, o jovem põe seu modo de proceder em relação com o dos outros, adaptando-o ao mesmo. Isto lhe orienta a ação para um resultado comum e dá uma compreensão comum da atividade aos seus co-participantes. A significação é a mesma para todos, mau grado executem atos diferentes. A essência da direção social é esta compreensão comum dos meios e dos fins. Ela é indireta, ou sentimental e intelectual, e não direta ou pessoal. Além disso, é disposição intrínseca da pessoa e, não, externa e coercitiva. O fim da educação é conseguir esta direção interna por meio de identidade de interesse e compreensão. Os livros e a CONVERSAÇÃO [caixa alta nossa] podem fazer muito, mas o mal é contarmos excessivamente com esses fatores. Para sua plena eficiência, as escolas precisam de mais oportunidades para atividades em conjunto, nas quais os educandos tomem parte, a fim de compreenderem o sentido social de suas próprias aptidões e dos materiais e recursos utilizados. (DEWEY, 1952, p. 68)

Dewey esteve preocupado, sobretudo, com o aspecto moral, social e mental da educação.[23] Na nossa compreensão, o traço *experimentalista* deweiano diz respeito à sua inquietude frente às questões que dizem respeito ao modo como as coisas entram na ação (articulada certamente com a noção de *experiência*), fornecendo as condições educativas na vida diária e dirigindo a formação moral e mental dos indivíduos humanos (DEWEY, 1952, p. 65). Essa inquietude articula-se com uma outra: a preocupação com a capacidade de crescimento.

Tal capacidade, segundo Dewey, decorre do estado de dependência em relação a outras pessoas e de plasticidade no domínio da experiência. A infância e adolescência seriam

---

[23] Alguns intelectuais brasileiros (cf. SAVIANI, 1973) acabaram por considerar sua filosofia da educação (e consequentemente o ideário da escola nova) como tecnicista ou empirista. Como bem salienta GHIRALDELLI JR. (1998b), muitos deles reduziram a noção de prática com a noção de "prática sensível"; isso permitiu ver o pragmatismo e mesmo o escolanovismo como um "tecnicismo" ("preocupado em obter resultados empíricos, sensíveis, obtidos por técnicas palpáveis e eficientes").

épocas de formação de *hábitos* que norteariam a capacidade futura de domínio sobre o meio e de utilização deste para fins humanos. Essa passagem deweiana denota, para alguns, um certo traço utilitarista no trato do humano com o meio (*o domínio do meio para quaisquer fins humanos*). Vale ressaltar, entretanto, que Dewey privilegia o aspecto social dessas asserções. Cada passo dado por ele no sentido de pensar a educação é permeado por um acentuado rigor moral e ético.

Percebemos, em Dewey, que os *hábitos* – distintos da rotina – nos oferecem, de um lado, o equilíbrio da atividade orgânica com o meio (acordar, dormir, alimentar-se, por exemplo) e, do outro lado, a capacidade para a readaptação a novas condições. Os hábitos determinam, de algum modo, o domínio sobre o meio (social, orgânico, etc.) e a iniciativa para dirigir, inventar e transformar. São os hábitos, quando tomados de maneira inventiva e transformadora, os responsáveis pelo *desenvolvimento*. E, na filosofia deweiana, desenvolvimento é a característica da vida; portanto, educação e desenvolvimento pertencem à mesma matriz de constituição. Assim como o desenvolvimento não tem outro fim a não ser ele próprio, a educação não tem outro fim a não ser ela própria: "o critério do valor da educação está na extensão em que ela suscita o desejo de desenvolvimento contínuo e proporciona meios para esse desejo" (DEWEY, 1952, p. 84).

Esse posicionamento deweiano resulta numa concepção de que o efeito do progresso educativo (ou da educação progressiva) é a capacidade de se prosseguir ulteriormente a educação. Essa concepção contrapõe-se, então, a outros modelos e ideias que influenciaram profundamente a prática do ensino:[24] a educação como preparo para os futuros deveres e privilégios:[25] "[...] *o objetivo da educação é habilitar os indivíduos a continuar sua educação – ou que o objetivo ou*

---

[24] Sobre a história da educação no Brasil, cf. Teixeira (1969), Romanelli (1978), Ghiraldelli Jr. (1994).

[25] Estes são temas desenvolvidos por Anísio Teixeira em dois de seus principais livros: *A educação é um direito* (TEIXEIRA, 1968a) e *Educação não é privilégio* (TEIXEIRA, 1968b).

*recompensa da educação é a capacidade para um constante desenvolvimento.*" (Dewey, 1952, p. 143, grifos nossos).

## Uma digressão:
### a recepção do pragmatismo deweiano no Brasil
### (Anísio Teixeira como hermeneuta da obra de Dewey)

Permitamo-nos fazer uma digressão necessária: entre os aspectos centrais do pensamento de Dewey, como vimos, está a concepção de educação como processo de reconstrução e reorganização contínua da experiência. Tal concepção é fortemente marcada pelo sentido de crescimento e, portanto, de maior capacidade de convivência social. Experiência e vida são termos que se encontram nos limites da linguagem e traduzem a importância da comunicação no processo de desenvolvimento e crescimento individual e social. A vida social, segundo ele, se perpetua por intermédio da educação; acentua, então, o valor da democracia como solo possível na viabilização de experiências mais ricas e frutíferas. Sendo assim, a democracia torna-se a plataforma necessária para uma educação mais livre e aberta, apresentando-se como o ponto central da filosofia deweiana (cf. Teixeira, 1980, p. 127).

Nesses termos é que a filosofia de John Dewey (e consequentemente o pragmatismo americano) foi recepcionada no Brasil por Anísio Teixeira, na primeira metade do século XX. A recepção coincidiu com a transição política e social no nosso país, marcada pela democratização, pelo movimento renovador da educação que demandava a laicização, gratuidade e universalidade do ensino e pelos conflitos (políticos, ideológicos e sociais) daí decorrentes.

A tensão gerada em função da eminente mudança do quadro social e político do nosso país ocupou o cenário educacional, e as brigas ideológicas lançaram-se ao espaço público. As lutas que se desenrolavam nas conferências nacionais de educação refletiam as lutas ideológicas que a sociedade brasileira enfrentava no início do novo regime. A urgência de fundamentação teórica que justificasse as ideias e disposições do movimento renovador da educação acabou por precipitar a elaboração de um documento, datado de 1932, endereçado "ao Povo e ao Governo" batizado de "Manifesto dos Pioneiros da Escola Nova" (cf. ROMANELLI, 1978, p. 144; GHIRALDELLI JR., 1998b). Tal documento, redigido por Fernando Azevedo e assinado por 26 educadores e líderes do movimento renovador educacional (dentre eles Anísio Teixeira) estabelecia "a relação dialética que deve existir entre educação e desenvolvimento, colocando aquela, porém, numa situação de primazia no que respeita aos problemas nacionais" (ROMANELLI, 1978, p. 145). O "Manifesto" reafirmava a urgência e importância do preparo intensivo das forças culturais e o favorecimento e maturidade das aptidões à invenção e à iniciativa no desenvolvimento de uma nova sociedade. De algum modo, o documento tentava oferecer uma justificativa de ordem prático-social às suas ambições. Devemos lembrar que o país, naquela altura, intentava um crescimento econômico e social a exemplo de países que já haviam iniciado processo de industrialização.

O "Manifesto" sugeria o que deveria consistir em ação educacional, reivindicando a laicidade do ensino público, a gratuidade, a obrigatoriedade e a coeducação. Entre outras coisas, reconhecia o cidadão como possuidor do direito vital à educação e o Estado como instituição capaz de assegurar tal direito.

Nesse cenário, Anísio Teixeira surge, não apenas como um educador eminente, partidário e signatário do movimento renovador, mas como um tradutor e receptor da obra e legado de Dewey. Como teórico educacional e, ao mesmo tempo, educador, Anísio Teixeira elaborou uma das mais instigantes interpretações da concepção pragmática da educação, acabando por se tornar um dos maiores intérpretes e responsáveis por uma leitura sistemática e inteligente de Dewey. Em boa lmedida, sua própria produção teórica pode ser lida sob a influência dos temas do pragmatismo, notadamente no que concerne às ideias democráticas, laicas e estéticas. Produziu e publicou um acentuado número de textos e livros sobre educação (dentre eles alguns dedicados à apresentação e ao comentário da obra deweiana).

Deve-se notar, que no ambiente histórico em que viveu Anísio Teixeira (1900-1971), seus postulados não apenas se mostravam consonantes com as modernas concepções de educação, como também estiveram em estrito conflito com a perspectiva hegemônica no Brasil. Entretanto, não foi do mesmo modo que muitos estudiosos compreenderam o trabalho desse intelectual. A capacidade inusitada de traduzir e redescrever o pragmatismo na sua dimensão lógica, social e política acabou por causar reações muito diversas nos leitores da época e, especialmente, dos anos subsequentes (aqueles que enfrentaram as dificuldades políticas da segunda metade do século XX). De um lado, Anísio Teixeira esteve fortemente marcado pela filiação ao movimento renovador que oferecia propostas inovadoras para o ambiente educacional; do outro lado, sua estreita relação com a obra pragmatista deweiana e, consequentemente, com aspectos da política liberal americana, acabaram por identificá-lo como um liberal burguês (cf. CURY, 1978; GHIRALDELLI JR, 1998b).

Anísio Teixeira apresentou-se como um teórico preocupado com a experiência educacional nos seus aspectos mais amplos; introduziu, entre nós, educadores brasileiros, discussões acerca da experiência, da educação e da linguagem.[26]

## Rorty leitor de Dewey

É evidente que Rorty herda aspectos da filosofia de Dewey relativas a um certo tratamento de problemas de ordem política e moral e a uma simpatia e ambição por práticas democráticas. Rorty remete o debate intelectual para um campo aberto de tensões éticas. Uma questão que se impõe dirige-se diretamente ao lugar que ele próprio tem ocupado em relação à filosofia deweiana, ou seja, em que medida nosso autor se distancia das esferas do teórico e propõe, ele próprio, alternativas concretas – ao modo, por exemplo, de um *plano educacional* (como fez Dewey). Já que nossa contemporaneidade é tão

---

[26] No Brasil, infelizmente, a "semântica de tempos de guerra", como nos lembra GHIRALDELLI Jr., acabou por fazer de Anísio Teixeira um vilão, especialmente no período pós-1964.

permeada pela "crosta de convenções", até que ponto é eficaz seu trabalho de cunho histórico-filosófico? Essa inquietação não é uma negação ou reação moral contra o pragmatismo que Rorty retoma e dá nova vida; ao contrário, o interesse maior é compreendermos o alcance prático que seu debate efetua.

Num texto publicado na imprensa brasileira, e que trata da ideia de futuro da humanidade e de utopias, Rorty atribui à disseminação de práticas sociais baseadas na solidariedade e liberdade a mais importante transformação na história humana: a solicitação à experiência aberta e redescrita, a possibilitação, na democracia, de um homem que possa postular sua subjetividade, a invenção de novos mundos (RORTY, 1999c).

Os textos rortianos dedicados a discutir o papel da escola no processo educacional são do mesmo alcance dos trabalhos de Dewey. Dizemos "alcance" porque, na verdade, mesmo que Rorty trate de problemas dessa estirpe, se aproxima muito mais da imagem de um historiador intelectual do que de um teórico em educação. Suas preocupações em filosofia, na sua crítica ao projeto da modernidade e às ambições de uma razão epistemológica, de um modo ou de outro, acabam solicitando uma discussão sobre educação, escola, aprendizagem.

> Rorty crê que o único modo de transformar o mundo é interpretá-lo. Tecer mais e mais redescrições foi o caminho pelo qual sempre mudamos e pelo qual continuaremos a mudar a nós mesmos, aos outros e ao mundo. Acreditando que podemos redescrever tudo de um modo inteiramente novo, e que tais redescrições – nossas novas imagens de nós mesmos e do mundo – nos levarão a novas condutas quiçá melhores, Rorty está, em suma, colocando sua filosofia como uma filosofia da *educação*. (GHIRALDELLI JR., 1999, p. 17, grifo do autor)

Como podemos ver até aqui, a partir da influência moral e intelectual deweiana e sua crítica à filosofia, Rorty acaba ocupando um lugar de interlocutor possível no ambiente pedagógico e educacional.

| CAPÍTULO IV

# EDUCAÇÃO ENTRE SOCIALIZAÇÃO E INDIVIDUALIZAÇÃO

## Filosofia, experiência e liberdade

Há algo peculiar aos ideais da educação e da política: entender o que somos e inventar o que seremos. Por isso, para Rorty a filosofia não deveria *fundamentar* a educação. Ele escreveu que tinha "lá suas dúvidas a respeito da relevância da filosofia para a educação, pela mesma razão de que tenho lá minhas dúvidas da relevância da filosofia para a política" (RORTY, 1997d, p. 59). Ao invés disso, seria a educação, entendida do ponto de vista de Dewey como reconstrução da experiência, e a política, como defesa da liberdade, que poderiam *orientar* a filosofia interpretar o passado (a tradição, a língua, a história) e imaginar o futuro, sugerindo o que deve ser preservado e o que deve ser desejado para que nossas vidas sejam melhores.

Para tratarmos mais cuidadosamente desse assunto, precisamos compreender o que Rorty considera como o campo dos problemas pedagógico-educacionais. O primeiro ponto parece, a princípio, um tanto quanto óbvio: Rorty identifica na escola *uma função de socialização*. Mas devemos ter uma atenção especial para o sentido de socialização aqui: como vimos anteriormente no sentido romântico da *Bildung,* à socialização educacional está ligada diretamente o ideal da *edificação*. Ao lado dessa função de socialização, Rorty aponta para *uma função de individualização* que expressa muito apropriadamente sua concepção de política e de subjetividade (RORTY, 1999d, p. 114-126). Nas suas palavras podemos ler:

A educação me parece dois empreendimentos razoavelmente distintos: a educação básica é principalmente uma questão de socialização, de tentar inculcar um sentido de cidadania, e a educação superior é principalmente uma questão de individualização, de tentar despertar a imaginação do indivíduo na esperança de que ele se torne capaz de recriar a si mesmo. (Rorty, 1997d, p. 59)

E logo depois completa: "Eu não estou certo de que a filosofia possa fazer muito por qualquer desses empreendimentos".

Rorty herdou de Dewey essa crença de que a *socialização* e a *individualização* são funções que possibilitam que nos engajemos e recriemos nosso mundo. Trata-se de funções de ordem política, ética e moral e não de uma aproximação maior ou menor com a realidade e com a verdade. Dispor de meios que facilitem essas funções é a grande tarefa da educação.

A grande contribuição de Dewey à filosofia da educação teria sido inspirar as pessoas a abandonar a ideia de que tenha qualquer relação com a verdade ou que nos leva à verdade. O desafio da educação fundamental, da criança e do adolescente, é mostrar aos mais jovens aquilo que os mais velhos consideraram como verdadeiro (sendo isso verdadeiro ou não). Como ponto de partida, a educação não começa desafiando ou questionando o consenso dominante sobre o que é verdadeiro, acusando os enganos e fracassos dos mais velhos. Por isso a *socialização* vem antes da rebeldia própria da *individualização*: o amor e a busca pela liberdade surgem, no processo educacional, depois que algumas barreiras e limites são estabelecidos para que venham a ser derrubados. Rorty pensa numa diferença crucial entre a educação anterior à universidade e a educação universitária: "Se a educação pré-universitária produz cidadãos instruídos e se a educação universitária produz indivíduos autônomos, então carece completamente de importância saber se estão ou não ensinando a verdade aos estudantes" (Rorty, 1997b, p. 73-74).

A escola, segundo Rorty, constitui o espaço de possibilidades. Isso significa dizer que a *escola* (fundamental, média e universitária) é um *lugar* capaz de fazer da história, da ciência, da lei, algo que pode ser permanentemente redescrito.

## Educação e o imperativo político no pragmatismo: a prioridade da democracia

Na conferência "A prioridade da democracia para a filosofia" (RORTY, 1997a, p. 234-261), Rorty apresenta uma espécie de plataforma para seu projeto intelectual. Como vimos anteriormente, não é a filosofia que deve orientar a política e a educação, mas, ao contrário, são as práticas sociais livres e a reconstrução da experiência que devem formar o novo fundo de orientações e inspirações para homens e mulheres. Numa passagem Rorty comenta:

> [...] nós não deveríamos assumir que a filosofia é *automaticamente* [grifo nosso] relevante para a mudança política ou educacional. Devemos ser cuidadosos para que nossa sofisticação filosófica não atravesse o caminho de nossos amplos propósitos políticos ou educacionais. (RORTY, 1997d, p. 67)

Quando Rorty afirma uma "prioridade da democracia", ele está agudizando as críticas que desferiu à concepção substancialista da verdade que acabou por se encarnar na maior parte dos teóricos da política que buscam uma "essência da moral" e uma tábula de preceitos racionais para conduzir a ordem da vida prática. Ele faz esse movimento para apontar os equívocos do ideal kantiano (e habermasiano) de uma fundamentação filosófica da política. Na verdade, ao contrário, é a gestação de utopias possibilitadas pela democracia que podem inspirar qualquer justificativa da política.[27]

Mas democracia e práticas políticas não são noções abstratas. Ao contrário, a política exige necessariamente sujeitos

---

[27] Ao falar de política, Rorty parte na defesa do liberalismo burguês acalentado pela sociedade dos Estados Unidos no século XX. Cf. RORTY, 1999b.

concretos e interesses específicos que competem entre si, disputando versões de mundo, hegemonias e valores. Segundo ele, a contingência da educação – seja fundamental, seja universitária – é caracterizada pelo confronto entre uma imagem da política alimentada pelos atores da *direita* e uma imagem da política alimentada pelos atores da *esquerda*. No entanto, sua interpretação do modo como a política (de *direita* e de *esquerda*) participa da educação é um tanto quanto inusitada.

Na sociedade política norte-americana, quando as pessoas da direita política tratam de educação, estão falando de verdade. Como platônicos, eles imaginam que quando se tem a verdade é possível fundamentar a razão, e, daí, a liberdade se seguirá automaticamente. A *direita* apresenta uma tendência fortemente essencialista quando imagina os seres humanos capazes de descobrir a natureza intrínseca das coisas por uma faculdade puramente racional. Esse arranjo da imagem do homem como autodeterminado, capaz de agir e conduzir-se *racionalmente* em direção à verdade tem suas raízes no pensamento moderno (Rorty, 1997b, p. 69-79).

Mas isso não quer dizer que Rorty seja partidário da posição oposta. Ele também lança um olhar crítico à concepção de educação da *esquerda*. Para a *esquerda* a liberdade ocupa um lugar anterior em relação à verdade, e trata-se o processo de aculturação como "velhas verdades familiares acalentadas pela direita". A *esquerda* se ocupa apenas com o projeto de romper e abandonar o passado: desse ponto de vista, os jovens devem ser preparados para não consentir no processo "alienante" de socialização. Invertendo o platonismo da *direita*, a crença aqui é que se se cuida da liberdade "a verdade cuidará de si mesma". Pois a verdade "é aquilo em que se acreditará tão logo sejam removidas as forças alienantes e repressivas da sociedade". Aquilo que a direita considera que é a vitória da razão e a realização da civilização, a esquerda considera como um processo de alienação e des-individualização dos mais jovens (Rorty, 1997b, p. 70).

Verificamos, desse modo, que a *direita* e a *esquerda* acabaram concebendo a educação como o viés através do qual alcançariam, de um modo ou de outro, ou a *verdade* ou a *liberdade*. O objetivo da educação seria, portanto, o resultado do papel político e teórico desempenhado nas escolas, nos processos de aculturação e individualização. A diferença, então, entre esquerda e direita relativamente à educação, diz Rorty, parece girar em torno de "políticas concretas".

A direita estaria mantendo uma hegemonia ideológica sobre a educação fundamental, ao passo que a esquerda pouco a pouco deteria uma hegemonia sobre a educação superior não vocacional. Verificamos, assim, que a educação fundamental está fortemente marcada pela *socialização*, e a educação superior está marcada pela *individualização* (RORTY, 1997b, p. 71). Esses limites, porém, precisam ser questionados.

Tais limites são solicitados apenas na medida em que os sujeitos ainda estão fortemente infectados pela ideia de *natureza humana* e de uma faculdade chamada *razão*. O valor atribuído a essas ideias é o que tem orientado a direita e a esquerda americana no ajuste de mundo e de práticas educacionais. Dessa forma, Rorty, ao analisar a aparente solução no âmbito educacional, tece uma crítica ao pensamento fundacionista e essencialista tanto de direita quanto de esquerda:

> Para mim, os conservadores erram em pensar que temos ou uma faculdade de descobrir a verdade chamada "razão" ou uma verdadeira individualidade que a educação traz à consciência. E penso que os radicais estão certos quando dizem que se se cuida da liberdade política, econômica, cultural e acadêmica, então a verdade cuidará de si mesma. Mas acho que os radicais estão errados quando acreditam que existe uma verdadeira individualidade que emergirá uma vez seja removida a influência repressora da sociedade. Não existe essa coisa chamada natureza humana no sentido profundo em que Platão e Strauss empregam essa expressão. Tampouco existe essa coisa chamada alienação da condição

humana essencial de alguém por força de repressão social, no sentido profundo vulgarizado por Rousseau e pelos marxistas. O que existe é apenas a moldagem de um animal num ser humano graças a um processo de socialização, seguido (com sorte) pela auto-individualização e autocriação desse ser humano através de sua própria e posterior revolta contra esse mesmo processo. (RORTY, 1997b, p. 73)

Para nós, no Brasil, essa compreensão da relação entre a "direita" e "esquerda" e a educação soa estranho; inclusive pode causar espécie a aparente tentativa rortiana de conciliar esses dois projetos políticos (a *socialização* e a educação fundamental aos cuidados da direita e a *individualização* e a universidade aos cuidados da esquerda). Entretanto, devemos ter em mente que Rorty está preocupado em apontar para o fato de que as práticas pedagógicas não são isentas de ideais forjados tradicionalmente pela cultura: reconhecidamente, introduzir as novas gerações à tradição (com seus valores e instituições), nos Estados Unidos, vem identificado ao conservadorismo e à direita. Mas seria possível uma cultura sem essa inscrição tradicional? Por outro lado, a busca de uma experiência radicalmente nova (nas artes e na moral) e o elogio da liberdade de expressão, na sociedade norte-americana, traduz o sentido da esquerda e do liberal.[28]

A ideia de uma "prioridade da democracia" revela, de um lado, a esperança em uma sociedade mais justa e tolerante e, do outro, a aposta de maneira irrestrita na conversação, nas práticas livres e redescritivas. A democracia não é uma instituição, mas uma possibilidade, e constitui apenas um dos modos de fazer esse mundo uma vez sonhado.

Não devemos esquecer a postura *antifundacionista* e *antiessencialista* defendida por Rorty e do seu ideal de

---

[28] Óbvio que Rorty fala do ponto de vista de um intelectual norte-americano: seus desafios estão circunscritos à sua formação cultural e ao ambiente da sociedade dos Estados Unidos da segunda metade do século XX. No livro *Para realizar a América: o pensamento de esquerda no século XX na América* (RORTY, 1999b), nosso autor faz uma aguda análise do cenário político de seu país, em particular da dimensão dos problemas de esquerda.

*solidariedade* e de *crescimento* para o qual a educação deve se orientar. Não devemos perseguir uma essência humana, mas termos a esperança *não fundamentada* de que as novas gerações poderão modificar o consenso e oferecer às gerações futuras novas formas de socialização. Mas essa esperança não é apenas de que as novas formas de socialização não sejam *somente* um pouco diferentes, mas que sejam *claramente* diferentes. Só assim encontraremos o sentido da pedagogia de Dewey, ou seja, acreditar que o crescimento é a meta para a qual a educação democrática deve apontar e "ter esperança de que a América jamais se torne satisfeita consigo mesma" (RORTY, 1997b, p. 79).

Rorty ressalta que Dewey não esteve ocupado em *justificar a democracia*:[29] a rigor, a democracia não está fundamentada na natureza do homem, da razão ou da liberdade porque simplesmente *não há qualquer natureza* (RORTY, 1997b, p. 75). A democracia promete uma experiência enriquecedora para os homens e mulheres.

A educação e a democracia instigam essa

> [...] noção de uma espécie de animais que gradualmente assumem o controle de sua própria evolução, alterando suas condições ambientais, leva Dewey a dizer, em boa linguagem darwiniana, que o "crescimento é em si mesmo o fim moral" e que "proteger, manter e dirigir o crescimento é o principal fim da educação". Os críticos conservadores de Dewey acusam-no de nebuloso, por não nos dar um critério de crescimento. Mas Dewey viu com razão que critério algum recortaria o futuro ao tamanho do presente. (RORTY, 1997b, p. 75)

Rorty acredita nos processos de socialização e individualização, especialmente aqueles forjados por uma sociedade liberal nutrida, sobretudo, pela esperança social. Tal sociedade tornaria

---

[29] Sobre o que Dewey entende por democracia podemos ler: "[...] é mais que uma forma de governo; é principalmente, uma forma de vida associada, de experiência conjunta e mutuamente compartilhada" (DEWEY, 1952, p. 93).

razoavelmente mais fácil "reunir o ensino dos fatos históricos como o ensino da esperança social" (RORTY, 1997a, p. 63). A prioridade da democracia para a educação parece sustentar-se sobre a esperança social de democratização, onde todos teriam mais do que o direito à palavra, mas o direito à redescrição.

Não há e não poderá vir a existir qualquer garantia *a priori,* na Natureza ou na natureza humana, que sirva de modelo e critério geral para avaliar o itinerário do "nosso rebanho" ou da história... apenas a esperança.

## Entre conversação e redescrição

Até aqui, de qualquer modo, o discurso rortiano não parece se distinguir do discurso deweiano nem de um certo discurso comum que afirma a necessidade de uma escola voltada para o aluno e para o favorecimento da subjetividade e da liberdade criativa. Onde, então, se introduz a novidade e relevância dos escritos de Rorty? O que ele acrescenta a essa já enformada plataforma educacional?

Para compreendermos a singularidade do pensamento de Rorty é fundamental estabelecer o lugar que ele reserva à substituição do ideal de um conhecimento e uma verdade (como algo seguro e definido que devemos perseguir e alcançar). Esse lugar é a utopia de uma concordância não forçada, ou seja, o abandono de uma prioridade do método (filosófico e científico) e a busca de condições para a "conversação" (livre e aberta entre os atores da vida social) e a redescrição do "nós" que postula valores e tem orgulho de seu projeto civilizacional.

Rorty insistiu que o epíteto relativismo não pode ser aplicado ao seu pragmatismo, posto que essa expressão preserva um conflito que, segundo nosso autor, deve ser desfeito: a saber, o conflito entre uma perspectiva relativista e outra realista; como se fosse possível estabelecer uma oposição entre uma imagem do mundo circunscrita à versão humana (cultural, etnocêntrica, relativista) e uma versão do "ponto de vista do olho de Deus" (não humana, universal, realista).

No livro *Objetividade, relativismo e verdade,* Rorty discute demoradamente esse problema. Como ele se livra dessa oposição? Afirmando que, de qualquer modo, o que está em conflito é a perspectiva representacionista que defende a ideia de conhecimento e verdade como correspondência entre o espírito e o mundo, e a perspectiva antirrepresentacionista que entende o conhecimento e a verdade (assim como o bem) como uma conquista e um projeto que os seres humanos perseguem. Não se trata de encontrar a verdade, mas de inventar crenças úteis para o bem humano.

Rorty aprendera com Wittgenstein, com a tradição analítica e com Davidson que a terapia filosófica da linguagem[30] busca compreender o modo como, ao falarmos sobre o mundo e apontarmos para a ordem e a estrutura das coisas, estamos, na verdade, tratando de como aprendemos uma língua e de como somos capazes de usar essa língua com outras pessoas. O grande erro filosófico, segundo essa perspectiva, foi o de ter confundido esta relação entre os nossos usos da linguagem com uma forma essencial e substantiva de o real ser como ele é.

Rorty, assim como Wittgenstein, está atento às ilusões advindas dessa confusão: quando se busca o sentido da verdade ou o sentido da realidade, esquece que, por verdade e realidade, não podemos considerar outra coisa senão o objeto de nossos usos linguísticos. Sendo assim, a verdade e a realidade é aquilo que pode ser descrito na linguagem: o objeto do conhecimento situa-se no interior da linguagem. Wittgenstein afirmava: "a relação entre pensamento e realidade, como tudo que é metafísico, encontra-se na gramática da língua" (WITTGENSTEIN, 1989, p. 27). Mas Rorty vai adiante. Distinto de um certo quietismo wittgensteiniano (que afirma que a filosofia deve deixar as coisas como estão), Rorty está interessado em saber como podemos manusear essas

---

[30] Sobre o sentido de "terapia filosófica" em Wittgenstein, ver MORENO (1993, p. 71-110). Ver também RORTY, 2007b, p. 133-146.

descrições, ou seja, o modo como, numa sociedade aberta, interagindo em conversação com os outros, podemos redescrever as descrições – conquistando, enfim, novas formas de dizer o mundo.

Seguindo essa trajetória, nosso autor fabrica discursivamente o papel humano da educação; pois, segundo sua versão, a educação é justamente esse lugar de conquista, de possibilidades de invenção de crenças. Verificamos, portanto, que a utopia rortiana é coextensiva da noção deweiana de *crescimento*. Mas nem Dewey nem Rorty forneceram algum critério definitivo que conseguisse definir essa noção. A concepção deweiana fazia coincidir o fim moral com o crescimento e afirmava que o principal fim da educação é proteger, manter e dirigir esse último. E, para Rorty, o que é o crescimento, senão a conquista permanente de novas formas de dizer e fazer o mundo? Vimos anteriormente que essa conquista também pode ser traduzida pelo esforço contínuo de "quebrar a crosta de convenções" e, nas palavras de Ghiraldelli Jr. (1999a), de "busca de mundos novos". Esta parece ser a base sobre a qual Rorty desenha a paisagem educacional.

Como, então, Rorty imagina podermos "quebrar a crosta de convenções" e conquistar "mundos novos", concretamente? É importante assinalarmos o valor da *ação* no pragmatismo rortiano, uma vez que as conquistas são pensadas na prática. Desse modo, Rorty toma de empréstimo a Wittgenstein a noção de linguagem como ferramenta e acrescenta a ideia de criar novas crenças em relação às anteriores, de modo a re-confeccionar a rede de crenças e desejos. Essa noção se baseia na aposta de modelos através dos quais uma crença pode ser acrescentada às anteriores e redescrita: por percepção, por inferência e por metáfora. Esse último modelo, a metáfora, diz respeito justamente à invenção de novos arranjos gramaticais, utilizando velhas palavras para dizer, expressar, apontar, referir-se, etc. A metáfora nada mais é que novas imagens construídas a partir de velhos vocábulos.

EDUCAÇÃO ENTRE SOCIALIZAÇÃO E INDIVIDUALIZAÇÃO

Isso indica, de uma maneira ou de outra, para um novo modo de experimentar o mundo e recriá-lo. A continuidade da experiência, segundo Rorty, é o lançar-se às novas metáforas, às novas formas de dizer e conceber.

Podemos inquirir, entretanto, sobre o aspecto ético dessas asserções e mesmo sobre a finalidade da "invenção de crenças". Por isso, torna-se necessário identificar a posição rortiana frente à relevância desse projeto educacional – se assim pudermos denominá-lo – naquilo que chamamos de sua causa primeira, a saber, a defesa de uma atividade humana voltada para o desejo de solidariedade em oposição ao desejo de objetividade. Mas esse desejo de solidariedade não é possível sem que o tecido semântico seja renovado. Por isso, Rorty insiste na ideia de "mudança das reações emocionais instintivas" pela via da linguagem. Ou seja, a educação constituiria esse processo permanentemente recriado, a partir da utilização de uma nova linguagem, de novos vocabulários, de novas imagens. É importante salientar a relevância da utilização do vocabulário já existente na criação de novos modos de dizer. O enunciado e a enunciação, nesta medida, ganham novo formato e novos usos.

A educação em Rorty investe-se de criatividade e renovação, de crescimento e continuidade; e a escola – como instituição responsável pela formação moral e técnica das novas gerações – ganha uma nova causa: a tarefa de redescrever e inventar novas crenças. Pois, ao modo rortiano, a redescrição constitui uma nova montagem semântica, tendo em vista a possibilidade de escolha e consequente utilidade de certas descrições para alguns de nossos propósitos. E sendo uma tarefa da imaginação (GHIRALDELLI JR., 1999, p. 62), a redescrição depende também da disposição para enunciar de um modo nunca antes enunciado.

Metáforas e redescrições são coisas que os homens e as mulheres fazem no uso corriqueiro da linguagem no interior das suas formas de vida, da sua comunidade. Por isso, Rorty reserva uma atenção especial para o ato concreto da linguagem, ou seja, para o momento em que os atores da vida social conversam.

## Os destinos da conversação

Como Rorty imagina a realização daquilo que denomina de "conversação" contando com a diversidade de crenças e modos de vida, contando com as idiossincrasias individuais? Será que sua esperança de "práticas democráticas" não passa de uma esperança romântica, quase religiosa, de busca de um mundo melhor? E o que dizer da solidariedade, como pano de fundo, na viabilização do acordo e da aproximação entre indivíduos de grupos culturalmente distintos? É o bastante imaginarmos que podemos contar com a solidariedade e tolerância a partir da noção de sofrimento como aquilo que nos coloca diante do mesmo altar? E o que pensar de culturas onde o sofrimento é o símbolo de força, de fé e de devoção? O que pensar do humanismo nascido da tradição judaico-cristã?

Rorty imagina poder urbanizar o mundo com o discurso liberal sempre renovado e com a esperança social baseada na democracia. Será que as sociedades democrático-liberais têm tido tolerância suficiente com culturas que não se alimentam do mesmo mercado?[31] Não há dificuldades em se solicitar a presença do outro na conversa (sem ele, inclusive, a conversa não passaria de solilóquio), mas o que dizer do "inteiramente Outro", não circunscrito a qualquer gramática que disponhamos? Qual o limite de solidariedade frente ao Outro assustador? A saída etnocêntrica é suficiente para dar conta da tensão gerada a partir da contingência da diversidade humana, admitindo o outro e o Outro?

Segundo Rorty, devemos saber que nossos princípios democráticos e liberais definem um único jogo de linguagem possível entre outros. Para ele, é inútil buscar fundamentos ou argumentos a seu favor que não sejam dependentes do

---

[31] Alguns autores acusam Rorty de ter esquecido de considerar a força da Economia e da Lógica do Mercado na configuração das formas de vida social e das práticas políticas (CRITCHLEY, 1998, p. 54).

contexto. O que podemos fazer é protegê-los de outros jogos de linguagem políticos.

O próprio Richard Rorty admite os limites do liberalismo e do etnocentrismo[32] (o liberalismo praticado até hoje certamente inventou maravilhas tecnológicas, personalidades geniais; mas também inventou a bomba atômica, a indústria armamentista, a bolsa de Nova Iorque, etc.). Culturas no mundo inteiro podem listar suas personalidades, seus gênios e suas obras de arte e literária, suas histórias e suas conquistas; o problema aqui é saber, hoje, quais as vantagens, para algumas culturas, da noção de solidariedade e tolerância, da escolha pela redescrição e conversação. Ou melhor: como crer que o projeto rortiano é bom sem que não sejamos tomados por uma certa desconfiança acalentada pela história de sofrimento e exploração? Mais ainda: será que temos realmente chances de escolha?

A posição rortiana mantém-se etnocêntrica, romantizada e esperançosa. Talvez ele nunca tenha vivido num país carente de esperanças e com crenças assustadoras. Mas, talvez, a solidariedade da qual fala Rorty possa, de fato, ultrapassar o desejo forjado pelo capital e ser cultivada pelas gerações vindouras.

De qualquer modo, a educação parece ter um lugar privilegiado nesse campo de tensões: se não podemos recorrer a um "imperativo categórico" kantiano (que afirma um princípio moral universal que orienta o agir de todos e não precisa, por sua vez, ser justificado), devemos recorrer ao tecido de descrições e narrativas que nos oferece uma imagem do mundo e opera sobre essas imagens a partir dos nossos desejos e esperanças. A escola, entre a conversação e redescrição, localiza-se na encruzilhada deste conflito entre o que se diz que somos e o que queremos fazer de nós mesmos, incluindo-se aí o que se diz dos outros e como queremos encarar os outros.

---

[32] Rorty não vacila em afirmar que sua cultura é "moralmente superior". Desse modo, aponta para o lugar (etnocêntrico) de onde fala: "Eu concordo com que a nossa [cultura] é moralmente superior, mas não creio que esta superioridade demonstre a existência de uma natureza humana universal" (RORTY, 1995, p. 63).

## Utopia e edificação:
por uma educação redescrita

Duas são, normalmente, as críticas dirigidas a Rorty (o que se aplica ao seu pensamento como um todo, mas também às suas concepções sobre educação), a saber: numa direção, muitos autores (cf. Putnam, 1992a), acusam-no de *relativista*, noutra, denunciam sua visão liberal-americana da política e da democracia e, consequentemente, de uma certa ingenuidade; expressões como solidariedade, autoenriquecimento, edificação e etnocentrismo soam, de algum modo, como um elogio melancólico do *Welfare State* americano.[33]

Já discutimos aqui o modo como Rorty enfrenta as acusações de relativismo. Quanto a essa segunda crítica, do mesmo modo, Rorty está devidamente alerta, seguindo com a sua posição etnocêntrica na defesa do liberalismo democrático, apostando que esta é a melhor alternativa diante das suas preocupações de ordem política e moral. Para ele, uma sociedade liberal é uma sociedade que prioriza o resultado do encontro livre e aberto de posições, sejam elas quais forem. Portanto, ele acredita que a organização política liberal se "adapta bem" à sua perspectiva edificante e não fundacionista.

Rorty tentou mostrar que o vocabulário do racionalismo e do iluminismo, ainda que importantes no nascimento da democracia liberal, se tornou um entrave para a preservação e o progresso das sociedades democráticas, tendo em vista os horrores cometidos em nome da razão e da fé. Do mesmo modo, defendeu que o vocabulário redescrito, contrariamente àquele que gira em torno de noções de verdade, racionalidade e obrigação moral incondicional (de fundo kantiano), se adequa aos propósitos de preservar e fazer crescer tais sociedades.

Sua tarefa foi a de tentar explicar como a filosofia tradicional apresentou-nos uma noção de "solidariedade humana" nos moldes iluminista e racionalista, vinculada à ideia de

---

[33] Algumas críticas a Rorty podem ser consultadas em HABERMAS (1989); MALACHOWSKI (1990); PUTNAM (1990; 1992a; 1992b); MUNCK (1994); LOPARIC (1995); SAATKAMP (1995); CRITCHLEY (1998); MOUFFE (1998);

"humanidade essencial" universalista, que estaria presente em todos os seres humanos. Na contraface dessa versão de solidariedade, Rorty apresenta uma outra versão não fundamentada em nenhuma essência humana, pois, ao contrário, insiste na ideia de solidariedade como resultado de circunstâncias históricas contingentes (cf. RORTY, 2007b, p. ix-x).

Rorty faz comparecer essas versões daquilo que chama de solidariedade para, mais uma vez, contrapô-las à sua própria descrição, justificando, assim, o lugar que essa expressão ocupa no corpo argumentativo de suas teses. As expressões já citadas no primeiro parágrafo desta seção acenam para um modo de vida de uma sociedade liberal pensada e descrita por ele.

O universalismo ético secular, segundo Rorty, foi o responsável pelo nosso incessante desejo de querermos algo que se encontre para lá da história e das instituições; então, diz ele, "o que poderá haver, a não ser a solidariedade humana, o nosso reconhecimento da humanidade de outrem que nos é comum?" (RORTY, 2007a, p. 312). Nesse percurso, nosso autor defende a premissa de que uma crença pode continuar a orientar a ação sem que para isso tenha que estar vinculada com algo mais profundo do que as circunstâncias históricas contingentes. Ou seja, nosso sentido de solidariedade pode continuar produzindo efeitos, sem que estejamos vinculados a qualquer noção essencialista. Não precisamos imaginar que somos solidários com o outro porque ele é também "um filho de Deus" ou porque devamos ter obrigação moral para com nossos iguais; a perspectiva rortiana, ao contrário, é incompatível com essa atitude, quer na sua forma religiosa ou universalista. Rorty imagina que possamos ser solidários com o outro a partir do alargamento do "nós" ao qual estamos inscritos.

> [...] a minha posição *não* é incompatível com defender que tentemos alargar nosso sentido do "nós" a pessoas em que anteriormente pensamos como sendo "eles". Esta posição, característica de liberais, pessoas que têm mais medo de ser cruéis do que de qualquer outra coisa, não assenta em nada de mais profundo que as contingências históricas [...] que

deram origem ao desenvolvimento de vocabulários morais e políticos típicos das sociedades democráticas secularizadas do Ocidente. (RORTY, 2007a, p. 316, grifo do autor)

Na perspectiva que Rorty tenta apresentar, o progresso moral é possível na medida em que se orienta na direção de uma maior solidariedade humana. Mas tal solidariedade não é concebida como o ato de reconhecer o *eu essencial* que deve compor todos os seres humanos; antes, é a capacidade de perceber as diferenças de tribo, religião, raça, costumes, identidade como algo que não é importante se comparado com *as profundas semelhanças que todos nós compartilhamos diante da dor e da humilhação.*

Vimos, então, porque a educação e a instituição escolar ocupam um lugar expressivo no discurso rortiano: não é um comentário marginal nem uma derivação de teses filosóficas; é, outrossim, o reflexo de uma atitude intelectual que vê nas práticas educacionais a situação em que a conversação (o encontro com os outros na linguagem), a redescrição (a reelaboração das descrições oferecidas pela tradição e pela autoridade), o autoenriquecimento (redescrição da rede de crenças e desejos) e a solidariedade (a inscrição do outro) comparecem *necessariamente.*

O que está em jogo aqui não é apenas um voto na democracia liberal americana nem uma filosofia liberal da educação, mas, acima de tudo, um pensamento que procura indicar que o lugar tradicional para os grandiloquentes discursos sobre o conhecimento (Ciência) e sobre o destino da humanidade (Ética) devem ser revistos do ponto de vista de um processo permanentemente aberto e revisável, cujo orientador não se encontra do lado de fora (Deus, Fundamento, Destino, Verdade), mas no interior das nossas próprias decisões. O discurso teórico sai do pedestal de "indicador de lugar para a razão" e passa a ser um diálogo aberto.

Mas por que Rorty defende esse caminho? Ele não é excessivamente ingênuo? Excessivamente *utópico?* Esse é o ponto delicado: Rorty fala explicitamente de utopia. Como conciliar

EDUCAÇÃO ENTRE SOCIALIZAÇÃO E INDIVIDUALIZAÇÃO

a tarefa pública e privada de autoenriquecimento? Será que a democracia é extensiva às afecções individuais? Será que as idiossincrasias permitem a possibilidade de conversação? Rorty responde às nossas inquietações, do seguinte modo:

> [...] as nossas responsabilidades para com os outros constituem apenas o lado público da nossa vida, lado que se encontra em concorrência com as nossas afecções privadas e com as nossas tentativas privadas de autocriação e que não tem nenhuma prioridade *automática* sobre esses motivos privados. Se tem ou não prioridade em casos determinados é questão de deliberação, processo que geralmente não será facilitado por se recorrer a "primeiros princípios clássicos". A obrigação moral, nesta perspectiva, deve ser junta a muitas outras considerações, em vez de automaticamente triunfar sobre elas. (RORTY, 2007a, p. 319)

É na escola onde o privado (e a vontade de autocriação e idiossincrasias) se encontra inexoravelmente com o público (a linguagem falada pela comunidade, as descrições herdadas, os heróis). Esse encontro, todavia, não significa uma eliminação das tensões entre o privado e o público, nem, muito menos, uma opção pelo império do público que colonizaria e adestraria o desejo de autocriação.

> No lado *público* da nossa vida, *nada* há de menos duvidoso que o valor dessas liberdades [democráticas]. No lado privado da nossa vida, pode haver muitas coisas de que seja *igualmente* difícil duvidar, por exemplo, o nosso amor ou o nosso ódio por uma pessoa em particular, a necessidade de levar a cabo determinado projeto idiossincrático. A existência destes dois lados (como o fato de podermos pertencer a várias comunidades e, assim, termos várias obrigações *morais* em conflito, bem como conflitos entre obrigações morais e compromissos privados) dá origem a dilemas. Teremos esses dilemas sempre conosco, e nunca hão-de ser resolvidos através do recurso a outro conjunto, um conjunto mais elevado de obrigações que um tribunal

filosófico poderá descobrir e aplicar. Tal como não há nada que valide o vocabulário final de uma pessoa ou de uma cultura, não há nada implícito nesse vocabulário que dite a forma de o tecer de novo uma vez que seja posto à prova. Tudo o que podemos fazer é trabalhar com o vocabulário final que temos, ficando de ouvidos abertos, atentos a indicações quanto ao modo de o alargar ou rever. (RORTY, 2007a, p. 324, grifos do autor)

Rorty encontra-se, ao mesmo tempo, com James e com Freud. Em James (1967) há, no ensaio "O filósofo moral e a vida moral", uma posição que refuta (em Ética e em Física) a possibilidade de um *discurso final*, verdadeiro e definitivo sobre a realidade que estabeleça uma versão integral e correta do sentido da ordem das coisas (na Física) e da ordem do agir humano (na Ética). Para ele

[...] não há qualquer coisa possível como uma filosofia ética elaborada dogmaticamente de antemão. Todos ajudamos a determinar o conteúdo da filosofia ética na medida que contribuímos para a vida moral da humanidade. Em outras palavras, não pode haver mais verdade final na ética do que há na física, até o que o último homem tenha feito sua experiência e dito a palavra final. Em um caso como em outro, entretanto, as hipóteses que fazemos agora enquanto esperamos, e os atos aos quais nos impelem, contam-se entre as condições indispensáveis que determinam o que será aquela "palavra final". (JAMES, 1967, p. 253)

James revela, com isso, o pendor *construtivista* em teoria moral do pragmatismo, o que o protege de qualquer elaboração dogmática (transcendental e *a priori*).

Mas Rorty, do mesmo modo, ao trazer em causa o lugar do sujeito, mostra-se familiarizado com uma certa leitura de Freud (RORTY, 1993, p. 201-228). Freud estabelecera uma diferença entre uma "ética privada de autocriação" e uma "ética pública de constrições mútuas", mas não acreditava que pudesse existir uma ponte ou conciliação entre ambas

EDUCAÇÃO ENTRE SOCIALIZAÇÃO E INDIVIDUALIZAÇÃO

a partir de crenças e desejos universalmente compartilhados, ou seja, tinha uma suspeita em relação a desejos e crenças que pertencessem a todos os homens e mulheres como humanos e que os unissem aos seus semelhantes humanos simplesmente como humanos (cf. ARCILLA, 1997, p. 52).

O destino moral não pode ser identificado com um imperativo categórico universal e público. No epílogo do *Contingência, ironia e solidariedade,* Rorty assume as consequências da inexistência de uma ética neutra e não circular de se contrapor àquele que é o maior de todos os males que, segundo ele, podem afligir os homens, a saber, a crueldade. Seu ponto de vista não neutro e circular (ou etnocêntrico) é, obviamente, a democracia liberal e a história sobrecarregada de sentidos que um determinado processo de socialização nos ofereceu:

> *Temos* de partir de onde *nós* estamos – e isto é parte da força da tese de Sellars, segundo a qual não estamos sujeito a obrigações que não sejam as "intenções-nós" das comunidades com que nos identificamos. O que retira a maldição a tal etnocentrismo é o fato de o maior desses grupos ser um chamado "humanidade" ou 'todos os seres racionais' – ninguém, é o que defendi, *pode* fazer *essa* identificação – mas sim o fato de se tratar do etnocentrismo de um "nós" ("nós, liberais") que se dedica a alargar-se, a criar um *ethos* cada vez maior e mais variado. (RORTY, 1994, p. 245-246, grifos do autor)

A educação, portanto, é um meio capaz de causar-nos o desejo de renovação e crescimento por via da palavra. A resistência diante do que é novo é apenas o medo diante da aproximação do inusitado. Mas a contingência da vida é o que verdadeiramente nos possibilita redesenhá-la sempre. Assim, podemos ler na genial Clarice Lispector:

O medo agora é que meu novo modo não faça sentido? Mas por que não me deixo guiar pelo que for acontecendo? Terei que correr o sagrado risco do acaso. E substituirei o destino pela probabilidade (LISPECTOR, 1976, p. 87).

## Qual educação?

Para Rorty, antes de perseguirmos a Verdade, a Razão, a Ciência, devemos perseguir a Liberdade, a Esperança e a Solidariedade. Rorty está convencido de que a raça humana pode enfrentar todos os seus desafios e desastres (a peste, a guerra, a ditadura, a miséria) "desde que conserve intactas suas esperanças" (RORTY, 1999c, p. 4) e que esta esperança está associada à capacidade dos homens cooperarem para "determinar seu próprio futuro".

Quando defende a democracia liberal e o ironismo, ele está sinalizando para um modo de pensar que deve nutrir-se da liberdade (de expressão e de imaginação) e defender sua possibilidade. Em Rorty não há algo como uma plataforma doutrinal ou um sistema filosófico; nele não há tampouco a fé de que a Filosofia possa prescrever as normas pedagógicas. Nele há, sim, um convite à invenção de novas interpretações e descrições do mundo que incluam, num mesmo movimento, a utopia de um futuro melhor, o outro e o orgulho de si. Rorty renuncia ao sistema e à doutrina, mas não renuncia ao diálogo com a tradição e os ícones da cultura, da ciência e da filosofia (toma-os como inspiração). Rorty despede-se do caráter fundante da epistemologia, mas não se enclausura num ceticismo reacionário (irracionalista) ou num solipsismo.

Será no interior desta *conversação* que podemos compreender que o que somos, o que é o real, o que foi o passado, o que será o futuro não passam de narrativas – narrativas poderosas que orientam nossa autoimagem. Mas podemos e devemos prosseguir *quebrando o brinquedo para ver o que há dentro*, desconstruindo, redescrevendo as narrativas. Por isso,

> Os pragmatistas nos advertem que temos a obrigação moral de continuar uma *conversação* que não é mais que nosso projeto [grifo nosso] [...]. Não há nenhuma garantia metafísica ou epistemológica de que teremos êxito. De outro modo (e este é o ponto crucial), *não sabemos o que 'êxito' significaria além da simples 'continuidade'* [da conversação]. Não conversamos porque perseguimos um

fim, senão porque a conversação socrática é uma atividade que é em si seu *próprio* fim. (RORTY, 1991a, p. 172)

Ora, o pragmatismo oferece-nos um novo horizonte onde situar o próprio sentido do trabalho intelectual. A crença básica do pragmatista rortiano é que não se pode explicar melhor suas posições senão recordando ao seu interlocutor a posição que ambos ocupam, na contingência dos pontos de partida (que, de algum modo, ambos compartilham), nas "conversações flutuantes" em que estão envolvidos. De certo modo, isso explica porque Rorty é, acima de tudo, um pensador dialogando ininterruptamente com os seus pares, críticos, opositores e admiradores, e suas ideias têm sido objeto de uma calorosa discussão, não apenas dentro das fronteiras dos Estados Unidos, mas, também, praticamente em todo o mundo.

Um testemunho disso é o próprio estilo do seu texto: principalmente depois da publicação d'*A filosofia e o espelho da natureza* (um livro muito assemelhado ao rigoroso tratado de epistemologia), Rorty tem desenvolvido seu pensamento em ensaios, artigos e conferências que enfrentam temas e problemas pontuais, encarando, frente a frente, seus críticos, contemporâneos e heróis, num movimento permanentemente aberto. Outro testemunho desse espírito dialógico tem sido o aparecimento de inúmeras publicações que reúnem as críticas que lhes são desferidas e as suas respostas (respostas, entendamos bem, que não encerram um ponto polêmico, mas que puxam um novo fio que deverá ser retomado mais adiante) (cf. MALACHOWSKI, 1990; COMETTI, 1992; SAATKAMP, 1995; RORTY; DERRIDA, 1998).

E este é um dos motivos pelo qual podemos sugerir o interesse que a obra de Rorty suscita aos debates sobre educação. De certo modo, e com alguns cuidados, podemos situá-lo no interior do programa geral traçado por Adorno quando fala da "Educação depois de Auschwitz":[34] a razão (a Filosofia) e a educação devem obedecer a um imperativo

---

[34] "Todo debate sobre parâmetros educacionais é nulo e indiferente em face deste – que Auschwitz não se repita" (ADORNO, 1986, p. 33).

ético. Em Theodor Adorno (que não foi o foco ou objeto do interesse deste livro), há, obviamente, a marca profunda do racionalismo frankfurtiano pós-kantiano, pós-marxista e pós-freudiano, mas é disto que trata o ideal pedagógico, se assim podemos dizer, em Rorty. Ele faz isso, mas há uma diferença crucial: Rorty leva a sério, como ninguém, o veio aberto por James e Dewey e *não* ritualiza o luto do *fundamento racional*. Em Adorno há o cultivo da autoridade do "esclarecimento racional" que nos projetará dos nossos impulsos bárbaros,[35] tanto que os pragmaticistas herdeiros da "teoria crítica frankfurtiana", Apel e Habermas, permanecem fiéis ao ideal de uma fundamentação racional e universal para o agir moral (cf. APEL, 1985; HABERMAS, 1989).

O agir democrático não necessita, deste ponto de vista, de uma teoria geral da Verdade nem de noções como incondicionalidade e validade universal,

> [...] senão uma variedade de práticas e movimentos pragmáticos destinados a persuadir às pessoas de que amplie o espectro de seu compromisso com os demais, de que construa uma comunidade mais inclusiva. Para Rorty, o avanço da democracia se produz mais através da sensibilidade e da simpatia que por meio da racionalidade e o discurso moralista universal. (MOUFFE, 1998, p. 20)

É claro que podemos nos perguntar, como faz Mouffe, sobre como é possível o funcionamento democrático e quais são as condições de existência do sujeito liberal-democrático. Será que a ideia de expansão do discurso democrático-liberal não produz algo como um hegemonia? Como conceber a expansão de um discurso, pretendendo que ultrapasse a esfera do "nós" sem que se caia na armadilha do colonialismo tradicional? Será que o outro tem escolha ao lançarmo-nos no desafio de produzir conversação e encontro? Não estaríamos previamente

---

[35] "Se todo o consciente cultural fosse realmente inundado com uma premonição do caráter patológico dos traços que floresceram em Auschwitz, talvez as pessoas controlassem melhor esses traços." (ADORNO, 1986, p. 44)

determinados a consumir o outro como uma ameba? Quais as implicações da tentativa de aproximar culturas distintas? Por fim, será que a versão de democracia, em Rorty, não é excessivamente romântica? Seu pragmatismo, ao limitar-se ao político e ético, não ocultaria o aspecto econômico? O que significa precisamente uma "ética não fundacionista"? Como Rorty pensa numa ética fora dos limites da racionalidade?

Um dos severos críticos de Rorty, filiado à perspectiva frankfurtiana, Thomas McCarthy reconhece que Rorty reflete um ponto central do pensamento contemporâneo em que se afirma que o sujeito do conhecimento e da ação não pode mais ser concebido como solitário, desengajado e desencarnado e que as estruturas da razão não podem mais ser conhecidas como atemporais, necessárias e incondicionais, o que veio integrar pensadores de diversos matizes numa mesma direção à investigação sócio-histórica. Mas, diversamente de Habermas, Apel, Adorno & Cia., "[...] Rorty partilha a incredulidade de Jean-François Lyotard quanto às metanarrativas sobre o progresso da razão e da liberdade, a emancipação da humanidade, etc. (cf. Mc Carthy, 1992, p. 95 e 88)."

Os passos de Rorty se afastam, cada vez mais, de Adorno em direção a Nietzsche: ele busca transmutar a destruição da universalidade, da totalidade e do positivismo em um saber alegre. Contrariamente ao contrário de Zaratustra nietzschiano, ele não se encanta por algum heroísmo moral, nem, muito menos, anuncia algum super-homem ou cultiva um desprezo aristocrático pela democracia. Rorty apenas nos propõe uma versão desculpabilizada da sua cultura e ensina a dizer "nós, os liberais" e "nós, os pragmatistas" sem quaisquer remorsos ou nostalgia.

Este seu "nós, os liberais" e "nós, os pragmatistas" quer significar uma escolha pela *abertura* e pela *tolerância*. E é precisamente esta escolha "democrática" que caracteriza a proposta de mutação que Rorty quer causar à tradição filosófica, assim como apareceu de modo exemplar no seu "A prioridade da democracia sobre a filosofia": não podemos duvidar que um tal *éthos* democrático é uma escolha que nos torna melhores e mais felizes em relação à escolha que coloca na religião, na ciência e no Estado a verdade objetiva e a natureza das coisas. Ao contrário do tom crepuscular adotado por Nietzsche, Heidegger e Adorno, Rorty quer nos reconciliar com nosso mundo e, do mesmo modo, retomar a esperança e aposta na democracia ocidental para nos tornarmos "humanos, demasiadamente humanos".

Em Rorty, devemos saber que nossos princípios democráticos e libertários definem aquele que é o único jogo de linguagem possível entre outros, e esta, por assim dizer, filosofia moral não deriva de nenhum princípio universal: não há nada na natureza das práticas sociais e na linguagem que possa servir de base para justificar, diante de todos os seres humanos concernidos, a superioridade da democracia liberal. Seu voto na democracia não reflete um progresso necessário da racionalidade humana e, em particular, das sociedades ocidentais (que ofereceriam a solução racional ao problema da coexistência humana). Para Rorty, quando alguém abraça princípios distintos dos nossos, isso não quer dizer que seja irracional, apenas que não compartilha das nossas crenças e desejos. Por isso, em política, devemos substituir a força (seja das armas, seja das razões) pela persuasão e pelo acordo não forçado. O pragmático rortiano deseja que "a solidariedade seja nosso único conforto e que seja vista como não requerendo um suporte metafísico" (RORTY, 1991b, p. 32).

Esta é a educação que Rorty deseja.

# Conclusão

Neste pequeno livro procuramos apenas *apresentar* genericamente a esperança de Rorty. Não foi nosso interesse *criticar* ou *elogiar* Rorty, simplesmente oferecemos uma interpretação – precária obviamente – dos seus textos, seguindo numa direção que nos permitisse estabelecer alguns pontos em que seu discurso aberto *toca* a educação ao *tocar* na sua visão da cultura. Ele afirma que a educação deve ser uma prática não dogmática porque acredita que devemos renunciar a busca de *discursos privilegiados* e de uma demarcação entre os discursos que estabeleçam hierarquias entre os setores da cultura (a ciência, a ética, a estética, a política, a literatura).

Em poucas palavras, diríamos que o nervo dos textos rortianos concernentes à educação fala de uma prática educacional e privilegia a *edificação* em contraposição à reprodução e transmissão de conhecimentos. Isso significa dizer que, na cultura, a educação deve formar sujeitos que possam partilhar uma sociedade pluralista e democrática, com maior tolerância e solidariedade e menor sofrimento; deweianamente, pais e professores devem estimular autocriação e autoenriquecimento em que compareçam a Poesia e a Literatura tanto quanto a História e a Física.

O autoenriquecimento é a contramão do ideal de autopurifição, autorreflexão e esclarecimento adornianos, pois privilegia a contingência, a historicidade e a redescrição, a criatividade e a multiplicidade de interpretações. A educação, em Rorty, está fortemente marcada pelo apelo à democracia e ao liberalismo político, contando que, desse modo, podemos viver democraticamente em sociedade, no máximo de liberdade e respeito à pluralidade de crenças e desejos.

Há em Rorty a tentativa de redescrever o humano, agora como um eu edificado que se renova continuamente. Mas, ao falar desse eu edificado, Rorty não está introduzindo a anarquia; ao contrário, ele

> [...] meramente se submete à ideia de que nós devemos permitir cada eu ter sua palavra no que nossa ética pública comum deve ser. O eu edificado de Rorty, assim, permanece leal à comunidade que respeita o que Isaiah Berlin chamou de a ideia de "liberdade negativa". em que todos (inclusive os mais estranhos) devem ser protegidos de restrições. (ARCILLA, 1997, p. 52-53)

Falar de educação, aqui, é falar da formação de gerações que, ao mesmo tempo, estão inscritos numa comunidade e socializados e preparados para renovar e redescrever sua história:

> Com alguma sorte, os melhores dentre eles [os estudantes] lograrão êxito em modificar o consenso convencional, de tal modo que a geração seguinte seja socializada de uma forma um tanto diferente daquela na qual eles próprios se socializaram. Esperar que essa forma seja apenas um pouco diferente é esperar que a sociedade permaneça reformista e democrática, e não convulsionada por revoluções. Esperam que ela seja, não obstante, perceptivelmente diferente é lembrar que, na verdade, o crescimento é o único fim ao qual a educação superior democrática pode servir, e ter esperança de que a América jamais se torne satisfeita consigo mesma. (RORTY, 1997b, p. 79)

Pode-se acusar que a concepção de democracia em Rorty, assim como em Dewey, é limitada a aspectos políticos, obliterando os aspectos econômicos; pode-se acusar que a distinção entre o "ironista privado" e o

## CONCLUSÃO

"público liberal" pode cair naquilo que Zelijko Loparic chama, do ponto de vista psicanalítico, de "perversão". Não precisamos ser *rortianos*. No entanto, segundo nossa interpretação, *utopia* é a saída silenciosa para o que não se pode mais dizer nem fazer. Não podemos traçar o percurso futuro: esta é a contingência. Uma vez comprometidos com a noção de historicismo, já não podemos mais olhar nossa história do mesmo modo. O que podemos fazer, nós, cidadãos de uma cultura ocidental secularizada, para privilegiar uma vida com menor sofrimento possível? Será que não estaremos, com a esperança social, encobrindo o nosso medo de sermos surpreendidos por nossa insensatez e barbárie?

Podemos concordar ou não com o que Rorty disse, mas parece inevitável nos sentirmos solidários com a ideia de que podemos nos *fazer* melhor. Mesmo que tudo isto implique uma certa visão romântica, nossos espíritos adormecem e acordam melhor quando somos movidos pela esperança.

# CRONOLOGIA RORTIANA

**1931** (04 de outubro) - Richard Rorty nasce na cidade de Nova Iorque, Estados Unidos. Cresce, como ele narra em *Achieving our country* (1998), "na Esquerda reformista e anticomunista no meio do século", dentro de um ambiente que combinava antistalinismo com ativismo social esquerdista. É filho único de ativistas trotskistas, James e Winifred Rorty, esta irmã do conhecido teólogo Walter Rauschenbusch.

**1946** Rorty ingressa com 15 anos de idade na Universidade de Chicago. Entre os seus professores do departamento de filosofia, estão Rudolph Carnap, Charles Hartshorne e Richard McKeon.

**1949** Gradua-se e continua em Chicago para completar seu mestrado (1952) com uma dissertação sobre Whitehead, supervisionado por Hartshorne.

**1952-56** Rorty vai para Yale, onde escreve sua tese doutoral cujo título é *The concept of potentiality*. Tem como orientador Paul Weiss. Depois de completar seu Ph.d., seguido por dois anos no exército, Rorty recebe sua primeira indicação acadêmica para trabalhar em Wellesley College.

**1961** Rorty muda-se para a Universidade de Princeton (Princeton University) onde permanece até mudar para a Universidade de Virginia (Virginia University), em 1982, como Professor Kenan de Humanidades.

**1967** Publica seu primeiro livro, *The linguistic turn* ("O giro Linguístico").

**1973** Publica *Exegesis and argument: essays in greek philosophy presented to Gregory Vlastos*.

**1979** Publica um dos seus mais importantes livros *Philosophy and the mirror of Nature* (*A filosofia e o espelho da natureza*), traduzido para várias idiomas, inclusive o português.

**1982** Lança o *Consequences of pragmatism*.

**1985** Em coautoria com J. B. Schneewind e Quentin Skinner, publica *Philosophy in history*.

**1988** Escreve e publica *Contingency, irony and solidarity* (traduzido no Brasil, *Contingência, ironia e solidariedade*).

**1991** Lança o seu *Objetivity, relativism and truth; Philosophical papers I* (traduzido para o português como *Objetivismo, relativismo e verdade*). No mesmo ano publica *Essays on Heidegger and others: philosophical papers II* (traduzido no Brasil como *Sobre Heidegger e outros ensaios*).

**1998** Rorty deixa a Universidade de Virgínia, aceitando uma indicação para o Departamento de Literatura Comparada na Stanford University. No curso de sua carreira, Rorty recebe vários prêmios acadêmicos e homenagens, incluindo um prêmio da Sociedade Guggenheim (1973-1974) e um da Sociedade MacArthur (1981-1986). Ele apresenta várias palestras de prestígio, dando, entre outras, as palestras Northcliffe no University College em Londres (1986), as palestras Clark no Trinity College em Cambridge (1987) e as palestras Massey em Harvard (1997).

1998    Lança o *Achieving our country: leftist thought in tweentieth-century America* (traduzido e publicado no Brasil como *Para realizar a América*). Esse livro constitui-se como um manifesto político parcialmente baseado nas leituras de John Dewey e Walt Whitman, no qual Rorty defende a ideia de uma esquerda progressista e pragmática. Nos últimos 15 anos de sua vida Rorty continuou publicando volumosamente, incluindo quatro volumes do *Philosophical papers*. Os últimos trabalhos focaram sobre o lugar da religião na vida contemporânea, comunidades liberais e filosofia como "política cultural".

2005    Publica, em cooperação com o filósofo francês Pascal Engel, *What's the use of truth* (publicado no Brasil como *Para que serve a verdade?*)

2007    Publica *Philosophy as cultural politics: philosophical papers IV.*

2007    (08 de junho) - Rorty morre em sua casa em Palo Alto, Califórnia, aos 75 anos de câncer nos pâncreas. Pouco antes de sua morte, ele escreveu uma pequena nota intitulada "The fire of life" ("O fogo da vida"), publicada em novembro de 2007, na *Poetry Magazine*, na qual ele medita sobre seu diagnóstico e o conforto da poesia. Ele conclui sua nota dizendo que gostaria de ter gastado mais tempo em sua vida com o verso, a poesia. Isso não significa dizer, segundo ele, que tema que tenha omitido verdades que seriam incapazes de estabelecer em prosa. Para Rorty, não existem tais verdades, não existe nada sobre a morte que Swinburne e Landor conheceram e que Epicuro e Heidegger falharam em conhecer. Ao contrário, é porque teria vivido mais totalmente se tivesse sido capaz de recitar com mais habilidade um número maior de versos, do mesmo modo que viveria mais intensamente se tivesse feito mais amigos próximos.

# *Sites* DE INTERESSE NA INTERNET

Altavista (http://br.altavista.com)

Yahoo (http://br.yahoo.com)

Google (http://www.google.com.br)

http://www.stanford.edu/~mvr2j/rr/
Homepage mantida pela família Rorty, contendo informações sobre sua vida e obra. Em inglês.

http://www.stanford.edu/~mvr2j/rr/biblio_2007.html
Acessa bibliografia rortiana e informações sobre publicações em diversas línguas. Em inglês.

http://carbon.cudenver.edu/~mryder/itc_data/postmodern.html
Acessa informações sobre diversos filósofos. Em inglês.

http://portal.filosofia.pro.br/paulo-ghiraldelli-jr.html
O Portal Brasileiro de Filosofia foi criado em 1997, pelo filósofo Paulo Ghiraldelli Jr. e pelo cientista político Alberto Tosi Rodrigues. O portal é mantido por Ghiraldelli Jr. e oferece informações, textos, artigos e cursos sobre o pragmatismo, além de discussões atuais no campo da filosofia.

http://www.dadamo.com/rorty.htm
Acessa informações sobre Rorty e seus trabalhos, além de ensaios de comentadores. Em inlgês.

http://www.phillwebb.net/history/TwentiethCentury/Pragmatism/Rorty/Rorty.htm
Acessa informações sobre a bibliografia rortiana. Em inglês.

COLEÇÃO "PENSADORES & EDUCAÇÃO"

http://casadafilosofia.blogspot.com/2007/06/richard-rorty-ltimas-palavras.html
Um blog com acesso a algumas entrevistas e informações sobre publicações nacionais sobre Rorty. Em português.

http://www.philosophy.uncc.edu/mleldrid/cmt/rrtwo.html
Acessa breve texto autobiográfico de Rorty e traz o título de *Trotsky e as orquídeas selvagens*. Em português.

http://www.unc.edu/~knobe/rorty.html
Acessa entrevista realizada por Joshua Knobe, Professor de Filosofia da University of North Carolina-Chapel Hill.

http://www.encyclopedia.com/doc/1E1-Rorty-Ri.html
Acessa vários textos e bibliografia de Rorty. Em inglês.

http://plato.stanford.edu/entries/rorty/
Excelente *site* com informações sobre a bibliografia rortiana. Em inglês.

http://www.youtube.com/watch?v=Q7lB_wDaGJg
Acessa várias entrevistas de Rorty e de seus comentadores.

http://www.youtube.com/watch?v=11CqZd3B8B8&feature=related
Acessa entrevista/vídeo de Rorty sobre sua infância. Em inglês.

http://en.wikipedia.org/wiki/Richard_Rorty
Acessa informações gerais sobre Rorty. Em português.

http://international.pragmatism.org/
Informações sobre a Sociedade Internacional Pragmatista (*The International Pragmatism Society*), criada em outubro de 2005. Em inglês.

http://forums.pragmatism.org/
Acessa fórum sobre o pragmatismo. Em inglês.

http://gtpragmatismo.wordpress.com/
Acessa informações sobre o GT-Pragmatismo da Associação Nacional de Pós-Graduação em Filosofia (ANPOF), além de ensaios sobre pragmatismo e lançamentos editoriais. Em português.

SITES DE INTERESSE NA INTERNET

http://users.ox.ac.uk/~worc0337/phil_topics.html#phileduc
Acessa informações sobre Filosofia da Educação. Em inglês.

http://www.iep.utm.edu/r/rorty.htm
Excelente *site* criado por James Fieser e acessa vários *links* sobre Rorty. Em inglês.

http://catalog.loc.gov/cgi-bin/Pwebrecon.cgi?v3=1&DB=local& CMD=010a+2005026769&CNT=10+records+per+page
Acessa a livraria do Congresso Americano. Em inglês.

http://www.erraticimpact.com/~20thcentury/html/rorty_richard.htm
Acessa informações sobre a bibliografia rortiana.

http://www.pucsp.br/pos/filosofia/Pragmatismo/index.html
Site da Revista de Filosofia Cognitio, que disponibiliza resumos de números publicados. A Cognitio publica artigos, ensaios e comunicações de pesquisadores brasileiros e estrangeiros que de alguma forma estejam relacionados ao universo teórico do Pragmatismo. Em português.

http://redalyc.uaemex.mx/redalyc/src/inicio/ArtPdfRed.jsp?iCve=27503108
Acessa artigo sobre Pragmatismo e Desenvolvimentismo no Pensamento Educacional Brasileiro nos anos 1950/60, publicado na *Revista Brasileira de Educação*. Em português.

http://redescricoes.com/
Acessa *site* da Revista Redescrições (Revista do GT-Pragmatismo da ANPOF).

http://shook.pragmatism.org/
Acessa *site* de John Shook, pesquisador norte-americano que trabalha com Pragmatismo. Ele é vice-presidente e Pesquisador *Senior do Center for Inquiry Trasnnational em Amherst* (Nova Iorque) e Pesquisador Associado do Departamento de Filosofia na Universidade de Buffalo, Estados Unidos, desde 2006. *Shook* publicou alguns livros, dentre os quais *A Companion to Pragmatism*, pela editora *Blackwell*, 2005 e *Pragmatic naturalism and realism*, pela editora *Prometheus Books,* em 2003.

# CENTROS E SOCIEDADES DE ESTUDOS PRAGMATISTAS

O Pragmatism Archive no Center for Inquiry Transnational, em Buffalo, Nova Iorque. O centro tem a direção do professor John Shook. http://www.pragmatism.org/archive/index.htm

O Center for Dewey Studies, na Universidade Southern Illinois. O centro é dirigido por Larry Hickman. http://www.siu.edu/~deweyctr/

O Manuscript Collections na Morris Library, na Universidade Southern Illinois. Um arquivo de textos de John Dewey e de outros pragmatistas e educadores. http://www.lib.siu.edu/departments/speccoll

John Dewey & Pragmatism Collection, na Doshisha University Library, no Japão. Em japonês. http://www.doshisha.ac.jp/library/index.html

O Institute for Studies in Pragmaticism, no Texas Tech University. O instituto tem a direção do Professor Kenneth Ketner. http://www.pragmaticism.net/

O Peirce Edition Project, na Universidade de Indiana em Indianápolis. O centro tem a direção do Prof. Nathan Houser. http://www.iupui.edu/~peirce/index.htm

O Institute for American Thought, na Universidadede Indiana em Indianápolis. O centro tem a direção do Professor Nathan Houser. http://liberalarts.iupui.edu/iat/index.htm

O Grupo de Estudios Peirceanos, na Universidade de Navarra, Espanha. O grupo é dirigido pelo Prof. Jaime Nubiola. Em espanhol. http://www.unav.es/gep/english/index-en.html

O Centro de Estudos Peirceanos (CEPE), no Brasil, coordenado pela Professora Doutora Lúcia Santaella. http://www.pucsp.br/pos/cos/cepe/

O Peirce Arisbe, acessa uma lista de *sites* de centros e institutos dedicados ao trabalho de Charles S. Peirce. http://www.cspeirce.com/welcome.htm

Research Centre for Semiotics, na Technical University Berlin, coordenado pelo Professor Doutor Roland Posner. http://ling.kgw.tu-berlin.de/semiotik/english/index_e.htm

O Centro de Estudos em Filosofia Americana e Pragmatismo, no Brasil, coordenado pelo filósofo Paulo Ghiraldelli Jr. http://ghiraldelli.ning.com/

O Centro de Estudos do Pragmatismo, na Pontifícia Universidade Católica de São Paulo no Brasil, coordenado pelo Professor Ivo Assad Ibri. O centro publica o periódico *Cognitio: Revista de Filosofia.* http://www.pucsp.br/pos/filosofia/Pragmatismo/

Society for the Advancement of American Philosophy (SAAP). http://www.american-philosophy.org/

Charles S. Peirce Society. http://www.peircesociety.org/

O Central European Pragmatist Forum. http://www.cepf.sk/

Highlands Institute for American Religious and Philosophical Thought. http://www.hiarpt.org/

John Dewey Society. http://cuip.net/jds/

Philosophy of Education Society. http://philosophyofeducation.org/

# Referências

ADORNO, Theodor. Educação após Auschwitz. In: COHN, Gabriel (Org.). *Sociologia*. Trad. Flávio R. Kothe, Algo Onesti e Amélia Cohn. São Paulo: Ática, 1986 p. 33-45.

APEL, Karl-Otto. *La transformación de la filosofía: el a priori de la comunidad de comunicación.* Trad. Adela Cortina *et al.* Madrid: Taurus, 1985. v. 2. 429 p.

APEL, Karl-Otto. *Penser avec Habermas contre Habermas.* Trad. Marianne Charière. Combas: L'Éclat, 1990.

ARCILLA, René V. Edificação conversação e narrativa: os motivos rortianos para a Filosofia da Educação. In: *Revista filosofia, sociedade e educação*, Marília, n. 1, p. 31-46, 1997.

BELLO, Gabriel. Richard Rorty en la encrucijada de la filosofía postanalítica: entre pragmatismo y hermenéutica. In: RORTY, Richard. *El giro linguístico: dificuldades metafilosóficas de la filosofía linguística.* Barcelona: Ediciones Paidós, 1990. p. 9-44.

CALDER, Gideon. *Rorty e a Redescrição.* Trad. Luiz H. de A. Dutra. São Paulo: Editora UNESP, 2003.

COMETTI, Jean-Pierre (Ed.). *Lire Rorty: le pragmatisme et ses conséquences.* Combas: L'Éclat, 1992.

COMETTI, Jean-Pierre. *Filosofia sem privilégios.* Trad. Fernando Marinho. Lisboa: Asa, 1995.

COSTA, Jurandir Freire. *A ética e o espelho da cultura.* Rio de Janeiro: Rocco, 1994.

CRITCHLEY, Simon. Desconstrución y pragmatismo. ¿Es Derrida un ironista privado o un liberal publico? In: RORTY, Richard; DERRIDA, Jacques *et al. Desconstrucción y pragmatismo.* Trad. Marcos Mayer. Buenos Aires: Paidós, 1998, p. 45-85.

COLEÇÃO "PENSADORES & EDUCAÇÃO"

CURY, Carlos R. Jamil. *Ideologia e educação brasileira*. São Paulo: Cortez & Morares Ltda., 1978.

DAVIDSON, Donald. Ensaios sobre a verdade. In: GHIRALDELLI Jr.; Paulo. BENDASSOLLI, Pedro F.; SILVA FILHO, Waldomiro (Orgs.). *Ensaios sobre a verdade*. São Paulo: Unimarco, 2002.

DERRIDA, Jacques. Notas sobre desconstrucción y pragmatismo. In: RORTY, Richard;DERRIDA, Jacques *et al. Desconstrucción y pragmatismo*. Trad. Marcos Mayer. Buenos Aires: Paidós, 1998, p. 151-70.

DEWEY, John. *A arte como experiência* (capítulo III). Trad. Murilo O. R. Paes Leme. São Paulo: Abril cultural, 1980b. p. 87-105. (Coleção Os Pensadores).

DEWEY, John. *Democracia e educação: breve tratado de filosofia da educação*. 2. ed. Trad. RANGEL, Godofredo; TEIXEIRA, Anísio. São Paulo: Cia. Editora Nacional, 1952.

DEWEY, John. *Experiência e educação*. Trad. Anísio Teixeira. São Paulo: Nacional, 1976. 101p.

DEWEY, John. *Experiência e natureza* (capítulo I e V). Trad. Murilo O. R. Paes Leme. São Paulo: Abril cultural, 1980c, p. 1-52. (Coleção Os Pensadores).

DEWEY, John. *La educación hoy*. Trad. Carlos Luzuriaga. Buenos Aires: Losada, 1957.

DEWEY, John. *Liberdade e cultura*. Trad. Eustáquio Duarte. Rio de Janeiro: Revista Branca, 1953.

DEWEY, John. *Reconstrução em filosofia*. 2. ed. Trad. Antonio P. Carvalho. São Paulo: Cia. Editora Nacional, 1959.

DEWEY, John. *Vida e educação*. Trad. Anísio Teixeira. São Paulo: Abril cultural, 1980a. p. 107-91. (Os Pensadores).

DILTHEY, Wilhelm. *Introducción a las ciencias del espíritu: ensayo de una fundamentación del estudio de la sociedad y de la historia*. Trad. Julián Marías. Madrid: Alianza, 1986.

DILTHEY, Wilhelm. Origens da hermenêutica/Plano de continuação da obra "Estruturação do mundo histórico pelas ciências do espírito", trad. Alberto Reis. In: AGOSTINHO *et al. Textos de hermenêutica*. Lisboa: Rés, ca. 1984. p. 147-203.

EDMAN, Irwin. *Jonh Dewey: his contribution to the american tradition*. Indianapolis/New York: The Bobbs-Merrill Company, 1954.

102

## REFERÊNCIAS

GADAMER, Hans-Georg. *O problema da consciência histórica.* Trad. Paulo César D. Estrada. Rio de Janeiro: Fundação Getúlio Vargas, 1998.

GADAMER, Hans-Georg. *Verdade e método.* 2. ed. Trad. Flávio P. Meurer. Petrópolis: Vozes, 1997.

GHIRALDELLI JR., Paulo. *O que é pedagogia.* São Paulo: Brasiliense, 1996a.

GHIRALDELLI JR., Paulo. A filosofia contemporânea atual e a formação do professor (o *"Aufklärer* moderno" versus o "liberal ironista"). In: BICUDO, Maria Aparecida V.; SILVA JR., Celestino A. (Org.). *Formação do educador: volume 2.* São Paulo: Editora da UNESP, 1996b, p. 119-33.

GHIRALDELLI JR., Paulo. *Educação e razão histórica.* São Paulo: Cortez, 1994.

GHIRALDELLI JR., Paulo. Rorty, Nietzsche e a democracia. In: *Cadernos Nietzsche.* São Paulo, n. 4, p. 17-25, 1998a.

GHIRALDELLI JR., Paulo. Algumas observações sobre a filosofia da educação do pragmatismo americano e sobre o "Manifesto dos Pioneiros da Educação Nova" revisitados (uma crítica a J. Azanha e D. Saviani). Mimeo., 1998b.

GHIRALDELLI JR., Paulo. Materialismo e nova subjetividade no projeto filosófico-pedagógico de Richard Rorty. In: PINTO, Paulo Margutti (org.). *Filosofia analítica, pragmatismo e ciência.* Belo Horizonte: Humanitas, 1998c, p. 323-331.

GHIRALDELLI JR., Paulo. *Richard Rorty: a filosofia do novo mundo em busca de mundos novos.* Petrópolis: Vozes, 1999.

HABERMAS, Jurgen. *Consciência moral e agir comunicativo.* Trad. Guido A. de Almeida. Rio de Janeiro: Tempo Brasileiro, 1989.

HABERMAS, Jurgen. *O discurso filosófico da modernidade.* Trad. Ana Maria Bernardo *et al.* Lisboa: Dom Quixote, 1990.

HACKING, Ian. *Por que a linguagem interessa à filosofia?* Trad. Maria Elisa Sayeg. São Paulo: Editora UNESP, 1999.

HEIDEGGER, Martin. *Ser e tempo: parte I.* Trad. Márcia de Sá Cavalcanti. Petrópolis: Vozes, 1988.

HEKMAN, Susan J. *Hermenêutica e sociologia do conhecimento.* Trad. Luís Manuel Bernardo. Lisboa: Edições 70, 1990.

JAMES, William. *Pragmatismo e outros ensaios*. Trad. Joseph L. Blau. Rio de Janeiro: Lidador, 1967.

JAMES, William. *Pragmatism*. New York: Dover Publications, 1995.

KUHN, Thomas. *A estrutura das revoluções científicas*. 2. ed. Trad. Beatriz V. Boeira e Nelson Boeira. São Paulo: Perspectiva, 1987.

LACLAU, Ernesto. Desconstrucción, pragmatismo y hegemonía. Trad. Inés Pousadela. In: RORTY, Richard, DERRIDA, Jacques *et al. Desconstrucción y pragmatismo*. Buenos Aires: Paidós, 1998, p. 97-136.

LISPECTOR, Clarice. *Seleta*. 2. ed. Seleção de Renato C. Gomes. Rio de Janeiro: J. Olympio, 1976.

LOPARIC, Zelijko. Ética neopragmática e psicanálise. In: *Percurso: Revista de Psicanálise*, Ano VII, n. 14 (1995), p. 86-95.

MALACHOWSKI, Alan (Ed.). *Reading Rorty: critical responses to Philosophy and the Mirror of Nature* (and beyond). Oxford/Cambridge: Blackwell, 1990. 383 p.

MARCONDES, Danilo, *Filosofia Analítica*. RJ: Zahar, 2004. Coleção Passo-a-Passo.

McCARTHY, Thomas. Ironie privée et décence publique: le nouveau pragmatisme de Richard Rorty. Fabien Cayla. In: Cometti, Jean-Pierre (Ed.). *Lire Rorty: le pragmatisme et ses conséquences*. Combas: L'Éclat, 1992, p. 77-100.

MORENO, Arley. *Wittgenstein através das imagens*. Campinas: Editora da Unicamp, 1993.

MOUFFE, Chantal. Desconstrucción, pragmatismo y la política de la democracia. In: MOUFFE, Chantal (Org.). *Desconstrucción y pragmatismo*. Trad. Marcos Mayer. Buenos Aires: Paidós, 1998, p. 13-33.

MUNCK, Jean de. Philosopher sans garantie. In: *La cause freudienne – Revue de psycanalyse*, Paris, n. 28, 1994. p. 127-129.

MURPHY, John. *O pragmatismo de Peirce a Davidson*. Trad. Jorge Costa. Lisboa: Asa, 1993.

OLIVEIRA, Manfredo A. de. *Reviravolta linguístico-pragmática na filosofia contemporânea*. São Paulo: Loyola, 1996.

PALMER, Richard. *Hermenêutica*. Trad. Maria Luísa R. Ferreira. Lisboa: Edições 70, 1989.

PENCO, C. *Introdução à Filosofia da Linguagem*. Trad. Ephraim F. Alves. Petrópolis: Vozes, 2006.

# REFERÊNCIAS

PINTO, Paulo Margutti. Richard Rorty, arauto de uma nova visão de mundo. In: *Kriterion*, n. 116, 2007. p. 527-531.

PUTNAM, Hilary. *Il pragmatismo: una questione aperta.* Trad. Massimo Dell'Utri. Roma-Bari: Laterza, 1992a.

PUTNAM, Hilary. *Razão, verdade e história.* Trad. António Duarte. Lisboa: Dom Quixote, 1992b.

PUTNAM, Hilary. *Realism with a human face.* Cambridge/Mass.: Harvard University Press, 1990.

QUINE, W. *Word and Object.* Cambridge, Mass.: MIT Press, 1999.

QUINE, Willard O. Relatividade ontológica. Trad. do inglês por Marcelo G. da S. Lima. In: RYLE/STRAWSON/AUSTN/QUINE. *Ensaios.* 2. ed. São Paulo: Abril Cultural, 1980, p. 133-56. (Coleção Os Pensadores)

ROMANELLI, Otaíza de O. *História da educação no Brasil* (1930/1973). Petrópolis: Vozes, 1978.

RORTY, R. *A filosofia e o espelho da natureza.* Trad. Jorge Pires. Lisboa: Dom Quixote, 1988.

RORTY, R. *El giro linguístico: dificuldades metafilosóficas de la filosofía linguística.* Trad. Gabriel Bello. Barcelona: Ediciones Paidós, 1990.

RORTY, R. *Consequences of pragmatism* (essays: 1972-1980). 5. ed. Mineapolis: University of Minnesota, 1991a.

RORTY, R. *Objectivity, relativism and truth: philosophical papers volume 1.* Cambridge: Cambridge University Press, 1991b. 226 p.

RORTY, R. *Ensayos sobre Heidegger y otros pensadores contemporáneos:escritos filosóficos 2.* Trad. Jorge Rubio. Barcelona: Paidós, 1993.

RORTY, R. Derechos humanos, racionalidad y sentimentalismo. Trad. Ofelia Castillo. In: ABRAHAM, Tomás *et al. Batallas eticas.* Buenos Aires: Nueva Visión, 1995, p. 59-80.

RORTY, R. *Objetivismo, Relativismo e Verdade: escritos filosóficos 1.* Trad. Marcos A. Casanova. Rio de Janeiro: Relume-Dumará, 1997d.

RORTY, R. Educação sem dogma. In: *Revista filosofia, sociedade e educação,* Marília, n. 1 (1997b), p. 69-80.

RORTY, R. A filosofia e o futuro. In: *Revista filosofia, sociedade e educação,* Marília, n. 1, 1997c, p. 81-92.

RORTY, R. Os perigos da sobre-filosoficação. In: *Revista filosofia, sociedade e educação*, Marília, n. 1, 1997d, p. 59-68.

RORTY, R. *Truth and progress: philosophical papers*, v. 3. Cambridge: Cambridge University Press, 1998a.

RORTY, R. Nietzsche, Sócrates e o pragmatismo. Trad. Paulo Ghiraldelli Jr. In: *Cadernos Nietzsche*, São Paulo, n. 4, 1998c, p. 7-15.

RORTY, R. *Pragmatismo y política*. Trad. Rafael del Águila. Barcelona: Paidós, 1998d.

RORTY, R. Respuesta a Simon Critchley. In: RORTY, Richard, DERRIDA, Jacques *et al. Desconstrucción y pragmatismo*. Trad. Marcos Mayer. Buenos Aires: Paidós, 1998e, p. 45-85.

RORTY, R. Notas sobre desconstrucción y pragmatismo. In: RORTY, Richard, DERRIDA, Jacques *et al. Desconstrucción y pragmatismo*. Trad. Marcos Mayer. Buenos Aires: Paidós, 1998f, p. 35-43.

RORTY, R. Respuesta a Ernesto Laclau. In: RORTY, Richard, DERRIDA, Jacques *et al. Desconstrucción y pragmatismo*. Trad. Marcos Mayer. Buenos Aires: Paidós, 1998g, p. 137-49.

RORTY, R. Thomas Kuhn, as pedras e as leis da física. Trad. P. Ghiraldelli Jr. In: *Cadernos de tradução* da F.F.C., Marília, n. 1, 1998h, p. 21-42.

RORTY, R. Verdade e liberdade: uma réplica a Thomas McCarthy. Trad. Paulo Ghiraldelli JR. In: GHIRALDELLI JR., P. *Rorty: a filosofia do novo mundo em busca de mundos novos*. Petrópolis: Vozes, 1999a, p. 99-117.

RORTY, R. *Para realizar a América: o pensamento de esquerda no século XX na América*. Trad. Paulo Ghiraldelli JR. Rio de Janeiro: DP&A, 1999b.

RORTY, R. O futuro da utopia. Trad. Clara Allain. *Folha de São Paulo*, 04.04.1999c.

RORTY, R. *Philosophy and Social Hope*. London, New York: Penguin, 1999b.

RORTY, R. *Verdade e Progresso*. Trad. Denise R. Sales. Barueri: Manole, 2005.

RORTY, R. *Contingência, Ironia e Solidariedade*. Trad. Vera Riberio. São Paulo: Martins, 2007a.

RORTY, R. *Philosophy as Cultural Politics. Philosophical Papers 4*. Cambridge: Cambridge University Press, 2007b.

## REFERÊNCIAS

RORTY, R., DERRIDA, J. *et al. Desconstrucción y pragmatismo.* Trad. Marcos Mayer. Buenos Aires: Paidós, 1998.

RORTY, R. e ENGEL, P. *Para que Serve a Verdade?* Trad. Antonio C. Olivieri. São Paulo: Editora UNESP, 2008.

RORTY, R., NYSTROM, D.; PUCKETT, K. *Contra os Patrões, Contra as Oligarquias: Uma conversa com Richard Rorty.* Trad. Luiz Henrique Dutra. São Paulo: Editora UNESP, 2002.

SAATKAMP JR, Herman J. (Ed.). *Rorty & pragmatism: the philosopher responds to his critics.* Nashville/London: Vanderbilt University Press, 1995. 259 p.

SALVADOR, César Coll. *Aprendizagem escolar e construção do conhecimento.* Trad. Emília Dihel. Porto Alegre: Artes médicas, 1994. 159p.

SAVIANI, Dermeval. *Educação brasileira: estrutura e sistema.* São Paulo: Saraiva, 1973.

SILVA FILHO, Waldomiro; SMITH, Plínio (Orgs.). *Significado, verdade, interpretação: Davidson e a Filosofia.* São Paulo: Loyola, 2005.

SOUZA, José C. (Orgs.). *Filosofia, racionalidade, democracia: os debates Rorty & Rorty.* São Paulo: Editora UNESP, 2005.

TEIXEIRA, Anísio S. A pedagogia de Dewey (Esboço da teoria da educação de John Dewey). In: DEWEY, John. *Experiência e natureza e outros textos.* Trad. Murilo O. R. Paes Leme *et al.* São Paulo: Abril cultural, 1980. p. 113-135.

TEIXEIRA, Anísio. Bases da teoria lógica de Dewey. In: *Revista brasileira de estudos pedagógicos*, Rio de Janeiro, v. 23, n. 57, 1955. p. 3-27.

TEIXEIRA, Anísio. *Educação é um direito.* São Paulo: Nacional, 1968a.

TEIXEIRA, Anísio. *Educação não é privilégio.* 2. ed. revista e ampliada. São Paulo: Nacional, 1968b.

TEIXEIRA, Anísio. *Educação no Brasil.* São Paulo: Nacional, 1969.

TEIXEIRA, Anísio. Filosofia e educação. In: *Revista brasileira de estudos pedagógicos*, Rio de Janeiro, v. 32, n. 75, 1959. p. 14-27.

VEIGA-NETO, Alfredo. *Foucault & a Educação.* Belo Horizonte: Autêntica, 2007.

WARNKE, G. *Herméneutique, tradition et raison.* Trad. J. Colson. Bruxelles: De Boeck, 1991.

WITTGENSTEIN, Ludwig. *Fichas (Zettel)*. Trad. Ana B. da Costa. Lisboa: Edições 70, 1989.

YOLTON, John W. Mirrors and veils, thoughts and things: the epistemological problematic. In: MALACHOWSKI, Alan (Ed.). *Reading Rorty: critical responses to Philosophy and the Mirror of Nature* (and beyond). Oxford/Cambridge: Blackwell, 1990. p. 58-73.

# A AUTORA

Maria Virgínia Machado Dazzani é natural de Salvador, Bahia. Graduou-se em Psicologia pela Universidade Federal da Bahia (UFBA), onde doutorou-se em Educação em 2004. Entre 2002 e 2003, realizou pesquisas na Purdue University e na Indiana University, em Indiana, nos Estados Unidos. Atualmente é professora adjunta do Instituto de Psicologia da UFBA e tem realizado pesquisas sobre temas ligados à Filosofia da Educação, Semiótica, Pragmatismo, Psicologia da Educação e do Desenvolvimento.

QUALQUER LIVRO DO NOSSO CATÁLOGO NÃO ENCONTRADO NAS LIVRARIAS PODE SER PEDIDO POR CARTA, FAX, TELEFONE OU PELA INTERNET.

Rua Aimorés, 981, 8º andar – Funcionários
Belo Horizonte-MG – CEP 30140-071

Tel: 55 (31) 3222 6819
Fax: 55 (31) 3224 6087
Televendas (gratuito): 0800 2831322

vendas@autenticaeditora.com.br
www.autenticaeditora.com.br

ESTE LIVRO FOI COMPOSTO COM TIPOGRAFIA ITC GARAMOND E IMPRESSO
EM PAPEL OFF SET 75 G NA FORMATO ARTES GRÁFICAS.
BELO HORIZONTE, ABRIL DE 2010.